김정은이 만든 한국대통령

김정은이 만든 한국대통령

지은이 | 리 소데츠(李相哲)
만든이 | 하경숙
만든곳 | 글마당
옮긴이 | 김웅수, 전혜리
(등록 제02-1-253호, 1995. 6. 23)

1 쇄 | 2019년 10월 3일
3 쇄 | 2019년 10월 24일

주소 | 서울시 송파구 송파대로 28길 32
전화 | 02. 451. 1227
팩스 | 02. 6280. 9003

홈페이지 | www.gulmadang.com
이메일 | vincent@gulmadang.com

ISBN 979-11-90244-02-2(03300) (값 18,000원)

◆ 이 책은 저자(리소데츠)의 직접 출판계약에 따라 한국어판 저작권은 글마당이 가지고 있습니다. 허락없이 부분게재나 무단 인용은 저작권법의 저촉을 받습니다.
◆ 잘못된 책은 바꾸어드립니다.
◆ 이 도서의 국립도서관 출판사도서목록(CIP)은 서지정보유통지원시스템 홈페이지 (http://seojinl go.kr)와 국가자료종합목록시스템(http://www.nl.go.kr/ kolisnet) 에서 이용하실 수 있습니다.(CIP 제어번호 CIP2019039326)

◆ **글마당 법률자문변호인단**(가나다 순)
♣ 고영주(방송문화진흥회 이사장·서울남부지검장 역임)
♣ 석동현(현 법무법인 대호 대표, 서울동부지검장·부산지검장 역임)
♣ 엄상익(인권변호사)
♣ 조원룡(현 법무법인 광화 대표, 박근혜대통령 탄핵 변호인단 역임)
♣ 최재경(인천지검장·대검 중수부장 역임)

한국어판 출판에 덧붙여

한국의 독자 여러분들에게

　이 책 제목을 『북조선이 만든 한국대통령』으로 정한 것은 일본출판사였습니다. 원고를 읽고 난 다음 편집자가 그렇게 느꼈기 때문이라고 합니다. 선거로 선출된 한국대통령을 "북한이 만들었다니 웬 말이냐?"라고 이상하게 생각할 독자도 있을지 모르겠습니다.
　하지만 한국의 선거는 북한문제가 쟁점이 되는 경우가 많았고, 특히 문 정권은 지지율을 높이고 지지율을 유지해 나가는 과정에 북한의 '도움'을 많이 받아 온 사실을 상기한다면 제3자가 그렇게 느낀다고 해도 이상하지 않을 것입니다. 강연장에서 만난 한 독자는 '처음 이 책을 읽을 때만 해도 책 제목의 뜻을 잘 몰랐는데 요즘은 "과연 그렇구나(なるほど)" 하고 무릎을 쳤다'고 말하기도 했습니다.
　이 책 원고를 출판사에 보낼때만 하여도 필자는 책 제목을 『문재인 정권 실록』으로 하려고 했습니다. 집필목적이 문재인 정부가 국가를 어떻게 운영하고 있는지를 기록해 두어야 하겠다고 마음 먹었기 때문입니다. 그 배경에는 한국 언론이 정확히 기록하고 있지 않고 있다는 느낌이 든 이유입니다. 역사가 전공인 필자는 문재인 정권은 역사가 심판하리라고 믿고 있습니다. 때문에 필자와 같은 학자가 할 수 있는 일은 기록을 열심히 하는 것입니다.

일본 독자들은 한국에서 어떤 일들이 왜 발생하고 있는지에 아주 관심이 많습니다. 한국은 이웃나라이고 또 친근감도 있기 때문이라고 생각합니다. 그럴수록 일본사람들한테는 정확한 정보를 전달할 필요가 있었습니다.

필자는 2012년 문재인 대통령이 대통령 선거에 출마할 때부터 관심을 가지고 지켜봐 왔습니다. 특히 박근혜 전 대통령을 탄핵하고 끌어 내리는 과정, 그 후에 치러진 대통령 선거 때 보여준 모습과 발언을 모두 체크하고 분석해 보면서 이런 인물이 대통령이 되어도 괜찮을까 하고 걱정이 되어 일본의 여러 잡지와 신문, TV를 통해 문제점을 지적 해 왔었습니다만 결국 대통령에 당선 되더군요.

그때까지만 해도 일본에서는 문 대통령에 대한 관심보다는 박 대통령의 운명에 관심이 쏠려 있었습니다. 하지만 요즘은 일본국민의 대다수가 문재인이란 사람이 어떤 사람인지에 대해 대단한 관심을 가지고 있고 모두 각자 나름대로

의 견해를 가지고 있는 듯 합니다. 이 과정에 '문재인 정권 실록'이 영향을 끼치지 않았다고 할 수 없습니다. 문재인 정권이 출범한지 얼마 지나지 않은 때부터 필자는 일간지인 「산케이(産経)」 신문에 문재인 정권 실록(実録)을 연재하기 시작했습니다. 결과적으로 아주 미안하게 됐습니다만 이런 보도들이 바탕이 되어 일본국민의 대다수는 문재인 대통령을 부정적으로 보고 있습니다. 약속을 안 지키는 사람으로 알고 있습니다.

지난해 UN총회에 가서 문 대통령은 '종전 선언'은 일단 해주고 북한이 잘못하면 파기하면 된다는 듯한 발언을 했습니다만 이런 발언은 대통령의 품위는 물론 한국의 국격을 떨어뜨리는 결과를 초래합니다. 약속은 한 번하면 그 어떤 상황이 벌어져도 지켜야 합니다. 북한과 행한 약속도 북한이 지키지 않는다고 해도 한국은 지켜야 합니다. 이것이 정상적인 국가의 수준입니다.

그런데 최근 문 대통령은 국무회의에서 "일본이 한 번 반성을 말했으니 끝났다거나 한 번 합의 했다고 과거는 모두 지나갔다는 식으로 끝낼 수 있는 일이 아니다"라고 말했습니다. 합의는 한 번 하는 것이지 두 번이고 세 번이고 다시 하는 합의는 합의라고 할 수 없습니다.

이 책은 문 정권이 들어선 후 한국에서 어떤 일이 벌어지고 있는가에 대해 상징적인 사건들을 중심으로 기록하고 있습니다. '실록'이라고 명명하기에는 충분하지 못할지도 모릅니다만, 사실을 사실대로 아는 것이 문재인 정권의 본질을 이해하는데 도움이 된다고 생각했기 때문에 사실을 정확하게 기술하려고 노력했습니다. 그런데도 일본 독자들은 마치 한국 드라마를 보는 것 같이 재미있었다고 합니다.

책 제목이 조금 충격적이기는 하지만 문 정권의 본질을 이해하는데 도움이 된다고 판단했기 때문에 한국어판도 맥락을 같이 한 것으로 알고 있습니다. 책 제목은 언제나 상징성을 가지고 있다는 점을 한국의 독자 여러분들도 이해해 주시면 고맙겠습니다.

2019년 9월

일본에서 리 소데츠(李相哲)

시작하며

이웃나라에서 '국가 파괴'가 진행되고 있다

내가 한국에 관심을 갖게 된 동기는 아시아지역의 역사를 연구했던 관계로 싫든 좋든 한반도의 역사를 공부해야 했기 때문이다. 그 연장선상에서 북한의 역사를 조사한 것이 북한 연구의 시작이었는데 오랜 연구기간 중 하나의 사실을 깨달았다.

그것은 북한의 사회제도, 정부의 구성, 정책입안이 대한민국이라는 존재를 의식한 것, 그리고 다른 한편으로 대한민국도 북한이라는 존재를 전제로 헌법이 제정되고 국가보안법 등 많은 법률과 사회제도, 정책이 만들어진 것이다.

2017년 5월, 문재인 정권 탄생 이후 한국 사회는 분열의 강도가 깊어지고, 이제 사회 전체가 '정신분열증상'을 보이는 상황에 이르렀다. 그것도 오로지 북한이라는 집단이 옆에 있고, 북한을 둘러싼 애증(愛憎)이 교차하면서 서로 다른 주장이 반목하여 좁은 국토를 사분오열 분열시키고 있기 때문이다.

문재인의 북한에 대한 유화(宥和)정책을 비판하는 대부분의 국민은 이 정책을 '위험한 도박'으로 보지만, 지지자들은 '평화를 가져올 것'이라며 환호한다.

불과 1년 전에 미국은 북한에 대한 군사 행동을 불사할 태세로 압력을 가하는 등 일촉즉발의 징후가 이어졌다.

2018년 초까지 김정은은 "내 집무실 테이블에는 핵 버튼이 있다"며 미국과 일본 그리고 한국을 위협했다.

그런 긴장상태를 완화시킨 것은 2018년 2월 평창 동계올림픽을 계기로 문재인이 보인 북한에 대한 유화(宥和) 자세였다. 문 정권의 북한에 대한 한없는 '북한 봐주기'가 주효(奏效)했다고 할 수 있다.

2018년 4월 27일, 11년 만의 남북 정상회담이 열리고, 문재인은 "한반도에는 이제부터 전쟁은 없을 것이다. 새로운 평화시대가 열렸음을 우리 8천만 동포들에게 엄숙히 천명한다."('판문점 선언')고 자랑스럽게 선언했다. 그로부터 한 달 뒤인 5월 26일 열린 2차 남북회담에서 문재인과 김정은은 서로 얼싸안고 뺨을 비비며 친밀함을 과시하기도 했다.

그러나 2차 남북회담에서는 어떤 대화가 오갔는지 거의

알려지지 않고 있다. 문 씨에 의하면 "(김정은은) 비핵화 의지를 분명하게 밝혔다"고 한다(다음날 기자회견에서).

이런 분위기 속에서 중단위기에 처했던 트럼프와 김정은의 미북 정상회담은 6월 12일 예정대로 열렸다. 그 배경에는 문 대통령의 노력이 있었던 듯 하다.

후에 존 볼턴 미 대통령 보좌관(미 국가안전보장문제 담당 역임)은 "김정은이 문재인에게 1년 안에 비핵화를 하겠다고 약속했다"며 문재인이 그 정보를 미국 측에 전달했다고 말했다. 볼턴의 말이 맞다면 미북 정상회담이 예정대로 진행된 것은 문 정권이 김정은으로부터 '비핵화 약속을 받아냈다'고 미국 측에 전했기 때문이었을 것이다.

그런데 김정은은 그런 약속을 한 적이 없었던 듯이 행동했다. 김정은이 거짓말을 했는지, 문재인이 김정은의 말을 잘못 들었는지 분명하지 않지만 북한의 본심은 비핵화를 원하지 않는다는 것이다.

미북 정상회담에서 김정은은 한반도의 완전한 비핵화를 위해서 노력하겠다는 뜻을 표명했지만(6월 12일 미북 정상회담 공동성명), 미국이 원하는 '북한지역의 완전하고 검증 가능하며 불가역적인 비핵화(CVID)'는 약속하지 않았다.

북한은 풍계리(豊溪里)에 있는 핵실험장을 폭파하고 6·25

전쟁 중 전사한 미군 유해를 미국에 반환하는 등 미국과의 신뢰구축에 노력하는 모습을 보였으나 트럼프는 "김정은이 아직 비핵화를 위한 실질적인 조치는 취하지 않았다"며 제재 완화는 해 주지 않고 있다.

하지만 남북 정상회담, 미북 정상회담, 북중(北中) 정상회담에서 소기의 목표를 달성한 김정은 역시 비핵화를 하려는 의지는 보이지 않고 있다. 김정은이 도발적인 태도에서 대화로 돌아선 것은 한반도에 평화를 가져오기 위한 것이 아니라 다른 두 가지 목표 때문이었다.

먼저 예측 불가능한 트럼프가 군사행동을 일으킬지도 모른다는 위기감에서 미국의 공격을 피하기 위한 것이었고, 두 번째로 UN안전보장이사회 결의(대북 경제제재)에 따른 강력한 제재를 피하자는 것이었다.

미북 정상회담을 통해 북한이 얻은 가장 큰 수확은 당분간 미국의 군사공격을 걱정하지 않아도 되는 국면을 조성한 것, 남북 정상회담을 통해 UN의 경제제재를 어느 정도 무력화하는 데 성공했다는 점이다.

현재 미국은 김정은이 문재인에게 약속했다는 '1년 이내의 비핵화'를 믿고, 북한의 핵 리스트 제출과 비핵화 로드맵 제시를 요구하고 있는 상황이다. 구체적으로 "8개월 이내 (2018년 4월부터 계산하면 1년 이내)로 대륙간 탄도미사일의 일부와 핵탄두의 60%를 국외 반출하는 것"을 요구하면서 실질적인 행동을 보여 달라고 압력을 가하고 있다. 현재로서는 북한이 미국의 요구에 응할 것 같지는 않다.

따라서 미국은 최근 북한 국적의 화물선과 북한과 거래하는 중국과 러시아의 개인, 기업체를 제재 리스트에 추가하는 등 제재를 오히려 강화시켰다. 이러한 교착상태에 초조해진 것이 한국의 문재인 정권이다. 7월 13일 문재인은 미북 정상회담이 열린 싱가포르를 방문했다. "미북은 싱가포르에서 맺은 공동성명 약속을 지켜야 한다. 그렇지 않으면 국제사회로부터 준엄한 심판을 받을 것"이라며 약속 이행을 촉구했다.

그런데 노동신문은 문재인을 조롱하듯 "경악을 금치 못하는 것은 (문재인이) 갑자기 재판관이 된 것처럼 행동하며, 두려움도 모르고 함부로 입을 놀리고 있다"(7월 20일 「노동신문」) 또 "(문 정권은) 현실에 대한 분명한 주장도, 정세에 대한 초보적 판단능력도 없이 우왕좌왕한다. 너무나도 부끄러울 따름이다"(같은 날짜)라고 맹비난하는 성명을 발표했다.

문재인은 집권 초부터 한반도 문제 해결의 '운전자'를 자처했지만 북한은 그것을 다음과 같이 비난했다.
"서방 언론조차 운전자는커녕 방관자, 몽유병 환자라고 비웃는다. 장밋빛 환상을 보고 있는 것이다."

북한은 미북 정상회담 이후 한반도 문제가 표류하고 있는 원인은 남한이 미국의 눈치를 보고 있기 때문이라고 주장한다.

"우리들은 남조선 당국의 말과 행동을 예의주시하고 있다. 지금부터라도 늦지 않았으니 (문 정권은) 정신 차리고 민심의 요구에 따라 외세(미국 등 외부 적대세력을 일컫는 말)를 추종할 것이 아니라 진정한 자주와 통일의 길, 우리 민족끼리의 길로 나와야 한다."

문재인은 '북한과 경제교류를 확대하고 신뢰관계를 만들면 비핵화 문제는 자연스럽게 해결된다'라는 몽상에 빠져 있다.

북한의 요청에 호응하듯 문 정권은 북한에 대해 독자적인 제재를 완화하는 움직임을 보이고 있다. 최근에는 미국의 견제에도 불구하고 다양한 교류 사업을 진행시키고 있다. 문 정권의 남북 교류 사업은 외부에 잘 알려지지 않았지만 현재 그 어느 때보다도 활발하다. 그 예로 2018년 9월 14일 미국 정부의 우려에도 불구하고 북한의 개성공업단지에 '남북공동연락사무소' 개설을 강행했다.

이제는 미국과 국제사회의 눈치를 볼 필요가 없다는 뜻일지도 모르겠다. 연락사무소에 필요하다는 이유로 문 정권은 UN이 대북 수출을 제한하고 있는 유류 80톤, 철강, 구리 등 제재품 116톤을 북한에 반출하고 앞으로도 계속할 태세다.

그리고 올해에는(2018) 휴전 상태에 있는 6·25전쟁을 끝내기 위한 '종전 선언'을 실현할 생각으로 미국과 중국을 순방하고 있다.

한국내에서는 전쟁을 끝내기 위한 '종전 선언'에 응하지 않은 미국을 비난하는 사람들도 있지만 종전 선언을 하려면 원래 6·25전쟁을 일으킨 장본인인 북한이 먼저 손해배상의 책임이 있음을 인정하고 사과해야 한다. 즉 휴전 상태를 끝내기 위해서는 아직도 풀어야 할 문제가 산적해 있다. 그렇게 간단한 문제가 아니다.

종전을 선언하면 미국은 북한에 대해 군사적 압력을 가하기 어렵게 될 뿐만 아니라 한국에서는 미군 철수 운동이 거세질 것으로 보인다. 이는 김정은이 너무나 바라는 일이다. 김정은이 핵을 포기하지 않는 것은 체제보장 때문이라는 시각도 있지만, 김정은에게는 그 보다 더 크고 원대한 목표가 있다.

김정은의 핵 보유 목적은 한반도 통일을 위한 것으로 그

목적 달성에 핵은 필수불가결한 조건이기 때문이다.

 북한은 건국 이래 줄곧 남북통일을 추구해 왔다. 1950년 6·25전쟁에서 남한을 기습, 무력으로 통일을 달성하려고 한 김일성의 야망은 미국의 개입으로 실패로 끝났지만 이후에도 북한은 목표를 수정하지 않았다. '조국통일'은 김일성의 유훈(遺訓)이다. 김정은은 그 교시(敎示)를 실천에 옮기고 있는데 이를 위해 북한은 남한을 압도하는 군사력을 필요로 하고있다.

 북한은 핵을 보유하는 것만으로는 부족하다고 믿고 있다. 미군이 한국에 있는 한 핵을 갖고 있어도 이길 수 없다는 건 김정은도 안다. 북한의 첫 번째 목표는 우선 미군을 한반도에서 철수시키는 것이다. 북한이 미국을 공격할 수 있는 대륙간탄도미사일 개발에 국운을 건 것은 미국과 싸우기 위해서가 아니라 미군이 한반도 문제에서 손을 떼라고 협박하기 위한 것이다.

 경제 규모에서 한국의 40분의 1에도 못 미치는 북한이 한반도 통일을 이룰 것이라고 상상하기 어렵지만, 문 정권과 맥을 같이 하는 좌파 정권이 계속되면 가능성은 높아질 거라며 걱정하는 한국인이 늘어나고 있다.

 한국 좌파의 특징은 인권을 소리 높이 외치면서도 북한 인민의 인권에 대해서는 침묵하고, 한국의 독재정권에 대해서는 저항하면서도 북한 독재정권에는 호의적이며 대한민국 정부보다는 오히려 북한 당국에 정통성이 있다고 주장하는데 있다.

최근 북한은 하루도 빠짐없이 언론을 동원해 일본에 대한 비판을 쏟아내고 있다. 다시 말해 일본의 대북정책이 정확히 과녁을 맞히고 있다는 증거다. 일본은 싱가포르에서 미북 정상회담이 열린 뒤에도 흔들리지 않고 완전한 비핵화 없이 제재 완화는 없다는 태도로 일관하고 있다.

미국으로서도 일본은 믿음직스러운 존재다. 트럼프는 집권 후 아베 신조 총리와 20여 차례 전화 통화를 하며, 6번이나 만났다(2018년 10월까지). 트럼프는 2018년 9월에 3차 남북 정상회담을 앞둔 문재인보다도 아베에게 먼저 전화를 걸어 "향후 북한에 어떻게 대처할 것인지에 대해 의견을 나누었다"(8월 22일 총리관저 앞에서 기자회견).

북한은 이런 미일(美日)의 움직임을 일일이 지켜보고 있다. 다만 일북(日北) 관계가 움직이고 미북 관계가 변화를 보인다면 그것은 미북 관계 즉 북한이 막다른 골목에 다다랐다는 것을 의미한다.

2002년 9월, 고이즈미 준이치로 총리와 김정일 사이에 일북 정상회담이 이루어진 것은 미국이 북한을 '악의 축'이라고 비난하며 군사 공격도 불사하겠다는 의지를 보였기 때문이다. 김정일은 미국 대통령 조지 W. 부시와 친한 고이즈미를 움직여 긴장 국면을 타개해보려는 계산을 깔고 일본과 대화에 나선 것이다.

지금 세계의 지도자 가운데 트럼프와 좋은 관계를 유지하고 있는 지도자는 아베 신조임을 북한이 모를리 없다.

하루라도 빨리 북한에 납치된 일본 납북자를 구출해야 하는 일본의 '약점'을 파고들면서 북한은 대화 국면으로 끌고 갈 가능성도 있다. 하지만 일본은 서두를 필요가 전혀 없다.

최근 북한이 일본인 관광객들을 체포하고 추방하는 이례적인 대응을 보인 것은 일본이 미국과 상관없이 대화에 응할 수 밖에 없는 상황을 만들기 위한 것일 수 있다.

지금 일본 정부는 북한의 비핵화 문제가 진전을 보이지 않는 상황에서 북한과 대화할 것인지, 아니면 비핵화의 진전을 보면서 그 결과에 따라 대화에 응할 것인지 선택을 해야 하는 시점에 놓여 있다. 납치 문제 해결이나 국익을 위한 것이라면 대화를 거부할 필요가 없다. 납치문제는 미국이나 한국과 반드시 보조를 맞출 필요는 없다.

다만 일본은 앞으로도 국제사회에 대해 '대북 원칙'을 관철할 필요가 있다. 북한의 완전한 비핵화와 납치문제로 상징되는 인권문제 해결 없이 제재 완화는 할 수 없으며, 관계 개선도 없다는 원칙에 따라 미일동맹을 더욱 강화, 한국이 한미일(韓美日) 삼각동맹에서 벗어나지 않도록 관계를 강화하는 노력을 계속할 필요가 있다.

이 책은 문재인과 같은 친북 성향을 숨기려 하지 않는 정치인이 왜 대통령에 당선되었고, 아직까지도 일부 한국인들의 지지를 얻고 있는지를 살펴보기 위해 쓰여졌다.

2016년 가을부터 2017년 봄까지 이어졌던 '촛불시위'에서 당시 대통령, 박근혜를 권좌에서 끌어내리고 대통령에 당선된 문재인은 정권 출범 이후 전(前) 정권의 잘못을 찾아내는 데에 온통 정신이 팔려 있다.

정부기관의 거의 모든 부서에 시민운동가들을 중심으로 한 조사위원회, 각종 위원회를 만들어 보수정권 시절의 적폐를 청산한다는 수사 명목으로 국가기밀까지 들추어 내고 있다. 국가 기밀을 다루는 국가정보원과 외교통상부도 예외가 아니다.

중앙일보 논설위원을 지낸 김진 씨는 "문재인 정권에서 국가 파괴가 진행 중이다"(2018년 4월 20일 보수 성향 인터넷매체인 「펜앤드마이크」 기사에서) 라며 이렇게 지적했다.

"지금 한국에서는 법과 질서의 파괴, 도덕성 파괴, 국가 정체성의 파괴, 안보 파괴가 이뤄지고 있다. 그런데 아무도 그들을 저지하지 못하고 있다."

이 책을 읽는 독자 여러분이 책에 쓰여진 사실을 통해 붕괴되어 가는 이웃 나라의 '국가 모습'을 진심으로 걱정하는 계기가 된다면 기대 이상의 큰 기쁨이 될 것이다.

2018년 9월

일본에서 리 소데츠(李相哲)

목차

한국어판 출판에 덧붙여
시작하며

서장 | 좌파에게 점령당한 한국 언론

언론계에 몰아친 적폐 청산 태풍	25
김대중·노무현 시대부터 시작된 편향 보도	29
언론의 맹공격으로 줄줄이 낙마한 총리 후보들	32
노조에 빼앗긴 '미친 언론'	34
마리 앙투아네트가 된 박근혜	38
문(文) 정권에서 정의로운 언론은 실종되었다	42

제1장 | 남북회담의 비밀에 숨겨져 있는 깊은 뜻

문재인이 인용한 김일성주의자의 어록	49
70년 전의 '남북회담'에서부터 엇갈린 통일관	54
'건국일'을 둘러싼 좌파와 우파의 대립	58
'공산주의자들에게 이용당한 김구'를 칭송한 문재인	62
김일성과 대화를 한들 소용있겠나	66
약속을 깨뜨린 북한	70
부친으로부터 물려받은 '솔직함'을 보여준 김정은	74
판문점 선언은 '비핵화' 없는 선언	78
북한을 '주적'이라고 분명히 말하지 못하는 문재인	82
북한 체제보장을 위해 미국과의 중재에 나서겠다	86
아직도 계속되는 문재인의 사상을 둘러싼 논쟁	90

제2장 | 문재인은 북한의 붕괴를 바라지 않는다

대통령 전용기에 실린 동백나무 … 95
공산주의 사건을 변호했던 과거 … 100
나이까지 속여서 '이산가족 자격'으로 방북 … 104
베트남전쟁에서 미국의 패배를 보고 '희열을 느꼈다' … 108
우리는 북한의 붕괴를 바라지 않는다 … 112
좌파세력 단체인 '민변'에 소속되다 … 116
변호사 시절 노무현과 의기투합 … 120
정부 요직의 고위인사 절반은 친북성향의 '운동권' 출신 … 124
김정은의 '영상사용료' 징수 대행 … 128
'광주사태'를 다룬 영화, 감격의 눈물 흘리다 … 132

제3장 | 좌파와 내전에서 패배한 박근혜

남북의 대리전이 된 박근혜 탄핵 … 139
부조리가 버젓이 통하는 나라 … 143
탄핵의 단초가 된 '경사로운 날'의 연설 … 147
'조작극'이었던 JTBC 초대형 특종 … 151
박근혜의 약점을 정확하게 꿰뚫어 본 보도 … 156
좌파의 표적은 '친일파 아버지' … 160
오산이었던 좌파 대응 전략 … 164
화근을 남긴 대통령선거 여론조작 의혹 … 168
친북성향 현직 국회의원의 '내란' 음모 … 172
'종북'세력 척결에 강경 대응 … 176
'세월호 사고'의 초기 대응에 실패 … 180
'세월호 7시간' 침묵의 대가 … 184
고고함을 지향하다 국민과 지지자들로부터 외면 … 188

제4장 | 적폐에 집착하는 역대 좌파 정권

'적폐 청산'이라는 이름으로 '법치 파괴' … 195
한일 정부간 합의도 처벌 대상으로 … 200
김대중 비자금 3천억 원 … 204
친북 정권의 뿌리는 김대중 … 207
북의 공작이 부추긴 '남남' 갈등 … 211
돈으로 주고 산 '남북 정상회담' … 215
좌파정권도 부패와 무관하지 않았다 … 219
친북성향을 감추지 않은 노무현 … 223
좌파의 '세기의 거짓 폭로'가 선거 좌우 … 227
김정일을 말할 때는 '경칭을 써달라' … 231

제5장 | 보수세력에 대한 공포정치

장기집권을 위해 보수를 뿌리째 뽑아 … 237
한국 최대의 민영 방송국 채용시험에 사상조사 … 241
동맹의 상징 '맥아더 동상'에 불을 지르다 … 244
군 방첩부대도 적폐 청산의 표적 … 248
노무현 정권보다 더 살기(殺氣)를 느끼다 … 252
탈북여성의 '송환'을 앞두고 펼쳐진 공방 … 256
극좌 단체에는 손을 놓고 있는 경찰 … 260
정권비판의 예술가를 블랙리스트로 … 264
좌파 시민운동가들이 역사교과서 문제에도 개입 … 269

제6장 | 문재인의 헛도는 외교

문재인의 고립 외교	275
문재인은 사물의 본질을 이해하지 못하고 있다	279
'반일'은 한국을 망치는 이념	282
시대착오적인 반일 외교	285
미국에 신뢰를 받지 못한 문재인	288
미국의 문재인 불신은 일본 이상의 것	291
외교에서 속임수는 통하지 않는다	293
문재인은 '약속'의 의미를 잘 몰라	296

후기	299
부록	전략물자 무허가 수출 적발 및 조치 현황	303
번역자의 변	312
참고문헌	317

서장 |
좌파에게 점령당한 한국 언론

언론계에 몰아친 적폐 청산 태풍

　한국 사회가 혼란에 빠지기 쉬운 가장 큰 원인은 언론에 있다고 진단하는 학자들이 많다.
　한국에 일정 규모를 자랑하는 매스 미디어가 탄생한 것은 1920년대 일본의 식민지 통치 때부터이다. 당시 언론매체들은 신문이었고, 보도활동을 위해 만들어졌지만 한국매체는 민족정신을 고취해 일본에 대한 저항을 불러일으키는 것을 목적으로 했다. 사실보다는 주장을 우선하고, 언론을 권력과 싸우는 수단으로 삼았다. 그 전통은 지금까지 이어지고 있다. 이런 전통이 근래에는 오히려 폐해로 나타나고 있다.
　문 정권 출범 이후 한국에서는 '혁명적인 상황'이 계속되고 있다. 국가 차원에서 진행되는 '적폐 청산'은 언론계에도 파급되고 있다.

한국 3대 지상파 방송 중 하나인 문화방송(MBC)의 오종환 보도본부장은 사내 분위기를 사내 게시판에 올렸다.

"어느 날 갑자기 우리를 '적폐'라고 부르는 세력이 나타났다. '청산하겠다.' '감옥에 보내겠다'고 위협하기도 했다. 내게는 '적폐'라는 말이 해방 이후 혁명세력(김일성 추종자)이 내 할아버지에게 사용한 '반동분자'와 같은 말로 들렸다."

6·25전쟁 후 북한에서는 자본가, 지주, 지식인, 종교인들은 인민을 착취하고 괴롭혔다며 반동분자의 낙인을 찍어 처형하고 탄압했다.

그리고 세계교회협의회(WCC) 중앙위원 등을 역임한 저명한 시민운동가인 강원룡 목사와 중국여행을 같이 동반한 적이 있는데 그때 강 목사는 북한을 탈출한 사연을 필자에게 말한 적이 있다.

"1945년 8월 하순이었습니다. 어느새 내 주변에는 서로를 동무라고 부르는 파벌이 생겼습니다. 이들이 시위를 일으키려 하자 나는 '일본군의 무장해제가 아직 끝나지 않아 위험하다'고 반대했습니다. 그러자 그 자리에서 '반동분자'가 되어 인민재판에 회부되었습니다. 군중 앞에 끌려 나오며 이걸로 끝이라고 생각했습니다. 나는 처형되기 전에 15분만 이야기를 할 기회를 달라고 했습니다.

'기회를 주자'는 파와 '안 된다'는 파 사이에서 싸움이 벌어졌고, 결국 15분의 시간이 주어졌습니다.

그때 저는 웅변을 토했어요. 5분이 지나 군중이 술렁거렸고, 박수를 쳤습니다. 10분이 지나자 환호성이 터졌고, 그래서 방면되었습니다. '여기는 살 곳이 아니다'는 생각이 들어, 그날 밤 38선을 넘었어요."

오종환 씨는 70년 전의 북한과 같은 상황이 한국에서 재현되려 한다고 한탄했다. 서울대 법대에서 공법을 배우고 1991년 MBC에 입사한 오종환은 경찰 출입기자를 거쳐서 간판 방송프로그램인 'MBC 100분토론' '시사 매거진 2580'의 프로듀서를 맡아 보도본부장으로 승진했으나 문 정권 출범 후 '적폐' 대상으로 몰렸다. 좌파단체인 '전국민주노동조합총연맹(민노총)'의 하부조직인 '전국언론노동조합(언론노조)'이 벌이는 파업에 동조하지 않고 계속 프로그램을 제작했기 때문이다.

MBC언론노조가 김장겸 사장의 퇴진을 요구하며 파업에 돌입한 것은 문 정권이 출범한지 3개월이 지난 2017년 8월이었다. 그가 보도국장 시절 간부들에게 언론노조 탈퇴를 권고하고, 사장에 취임한 이후 노조원 중 일부에 대해 좌천으로 추정되는 인사를 하면서 방송의 공정성을 훼손하고 노조원을 탄압했다고 성토한 것이다.

언론노조는 또 MBC의 경영을 감독·관리하는 '방송문화진흥회(방문진)'의 고영주 이사장(문재인을 '공산주의자'라고 주장)을 비롯한 보수 성향의 이사들의 교체를 요구했다.

퇴진에 불응하는 이사들을 상대로 노조원들은 '가족을 해치겠다'고 까지 협박했고, 그래도 사퇴를 거부하는 이사들에 대해서는 직장에 몰려가 피켓을 들고 '시위'를 벌여 사임을 할 때까지 쫓아다녔다.

노조의 괴롭힘에 못이겨 결국 보수 성향 이사들은 10월까지 사퇴하고, 대신 좌파 성향의 이사들이 취임하면서 이사회는 좌파가 다수를 차지하게 됐다. 이후 이사회에서는 김장겸 사장의 해임이 가결됐다.

사퇴할 수 밖에 없는 상황에 몰린 그는 "이번 (정권의) 방송 장악에는 온갖 수단이 동원됐다. 내가 마지막 희생자가 되길 바란다"라는 성명을 발표, 임기 2년 4개월을 남기고 MBC를 떠났다. 이후 그는 '노조 활동에 부당하게 개입한' 죄로 기소되어 현재 재판을 받고 있다.

오종환이 '적폐' 대상으로 위협받은 것은 이런 소동이 계속되던 때였다. 오종환은 "이명박·박근혜 정부 시절에 장기간 파업을 감행했기 때문에 직위를 박탈당하고 MBC에서 해고된 사원들이 속속 복귀하더니 어느 날 갑자기 우리 앞에 나타나 법률이나 사규를 무시하고 각 부서를 접수했다. 흡사 조직 폭력배가 업소를 접수하는 형국을 보는 듯했다."고 말했다.

김장겸을 대신해 사장에 취임한 것은 2012년 6월 '불법 파업(PD수첩 광우병 보도)'이 문제가 되어 해고된 최승호이다. 취임이 확정된 최승호는 "조직(MBC)을 훼손한 것에 대해서는 엄격한 조사를 실시하겠다"고 밝힌 뒤, 오종환과 같은 언론노조와 다른 노선에 서 있는 직원 및 간부에 대해 조사를 시작했다.

오종환은 "문 정권과 노조의 언론 장악은 완성단계에 접어들었다. 협박을 이기지 못하면 '차라리 죽는게 낫다'며 절규하는 동료사원도 있다. 나를 포함하여 지금 많은 사원이 공포에 질려 무서워하고 있다"라고 말했다.

김대중·노무현 시절부터 시작된 편향 보도

한국에서 공영방송이 정치에 민감하게 반응하게 된 것은 최근의 일이 아니다.

2018년에 출판된 『미친 언론』을 쓴 성창경에 의하면 "한국방송공사(KBS)가 좌편향의 색채를 띠게 된 것은 1998년부터 2008년까지 김대중·노무현 두 정권 시절부터다"라고 한다. KBS 해설위원 등을 역임하고 현재 KBS 공영노조(언론노조와는 다른 노조) 위원장을 맡고 있는 성 위원장은 책에서 한국 언론은 언론이라고 하기엔 부끄럽다고 비판하며 그 실체를 이렇게 쓰고있다.

정권 교체 후 언론노조인 KBS 본부도 파업을 시작, 박근혜 정부 때 이사로 임명된 보수 성향의 이사진 퇴진을 요구했다. 그중에는 노조의 협박에 굴복하지 않고 법적으로 정해진 임기를 채우려고 저항하는 이사도 있었다. 끝까지 사퇴를 거부했던 명지대 강규형 교수는 그 당시의 일을 이렇게 회고한다.

"그들은 집단으로 대학에 몰려와 고성능 마이크와 스피커로 수업을 방해하고, 캠퍼스 내에서 나를 헐뜯는 전단지를 뿌렸다. 언론노조위원장이라는 자는 내게 '다음번엔 말만으로 안 끝난다!'라고 협박했다."

노조원들은 강 교수의 신용카드 내역이나 인간관계를 조사해 "사퇴하지 않으면 망신을 당할 것"이라고 협박했다. 그럼에도 정기이사회에 참석을 막기 위해 노조원들은 회의장으로 가는 길 양쪽에 줄을 서서 회의장에 들어가려는 강 교수를 밀고 당기는 등 실력행사에 나섰다. 한국 언론에 따르면 이때 강 교수에게 폭력을 행사했던 노조위원장을 포함한 몇 명은 지금 특수상해·공무집행 방해 혐의로 검찰에 기소 의견으로 송치된 상태다.

대학에서 중국 현대사를 가르치는 한 교수는 필자에게 "중국 문화대혁명 중 붉은 완장을 차고 교장 선생님이나 자신의 담임 선생님을 운동장에 끌어내 폭행하던 '홍위병'이 지금 한국에 있다"고 설명했다.

KBS가 친북성향을 선명히 드러낸 것은 노무현이 대통령 취임 이후 선거를 강력하게 밀어 준 좌파매체인 한겨레신문 논설주간 정연주를 사장으로 임명한 후 부터다. 정연주 KBS는 사내에 남북교류협력단(국장급 보직)을 꾸려 북한과의 교류 사업을 적극 추진했다.

2003년 8월에는 북한 매체들과 합작으로 '평양노래자랑'을 개최하고, 끝난 뒤 고가의 방송 중계차량, 장비, 기자재를 '노후화됐다'는 이유로 평양에 남겨 두어 문제가 된 적이 있었다(MBC도 마찬가지).

또 수십억 원을 북한에 지불해 대하드라마 〈사육신〉을 외주 제작하거나 고액 협찬금을 내고 평양 콘서트를 중계하거나 북한에 대한 지원을 아끼지 않았다. KBS의 간판 프로그램 중 하나인 〈인물 현대사〉에서는 평양에 밀입국해 세계청년학생축전에 참가하고, 김일성 품에 안겨 세계를 놀라게 한 임수경이나 한국에서는 북한 공작원의 혐의를 받아 온 한국계 독일인 학자 송두율, 김일성과 친분이 깊었던 음악가 윤이상 등에 대한 재평가 다큐 프로그램을 제작했다.

박근혜 정부는 탄생과 동시에 이러한 정치색이 강한 언

론과 싸워야 했다. 박 정권의 몰락은 1차적으로 언론의 지지를 얻지 못했다고 할 수 있다. 『미친 언론』의 저자인 성창경에 의하면 "언론노조에 의해 움직이는 언론은 처음부터 박 대통령에게 적의(敵意)를 갖고 있었다."고 했다.

대통령에 당선된 뒤, 그녀가 처음으로 부딪힌 것이 총리 인선이었다. 초대 총리로 '대통령직 인수위원회'의 좌장이었던 김용준을 지명하지만 불과 5일 만에 사퇴했다. 언론이 김 씨 아들의 병역기피 의혹을 보도하고 김 씨의 과거 부동산 거래 관련 자료를 찾아내 집중포화를 퍼부었기 때문이다. 그동안 언론에 노출된 적이 없는 김 씨는 기자회견에서 울먹였다.

"이런 상태가 계속되면 박근혜 정부의 조각(組閣)에 해를 끼칠 수 있으므로 사퇴를 결심했다"고 했다. 그 뒤 박근혜는 계속해서 6명의 총리 후보자를 지명하지만 이 중 3명은 국회 인사 청문회에 서보지도 못하고 '낙마'했다. 언론의 맹렬한 공격을 받았기 때문이다.

언론의 맹공격으로 줄줄이 낙마한 총리 후보들

2014년 4월 세월호 침몰사고 이후인 5월, 총리 후보자로 지명된 문창극은 일본의 식민지 통치를 옹호하는 발언을 했다는 공격을 받아 결국 낙마했다. 언론이 문제 삼은 것은 3년 전에 문창극이 한 교회에서 행한 강연이었다.

총리 지명을 받은 날 밤의 뉴스 프로그램에서 KBS는 90분에 이르는 강연(교회에서 행한 간증 동영상)에서 수십 초를 편집해서 문창극이 일찌기 "일본의 식민 지배는 하나님의 뜻이었다"라고 발언했다고 가짜뉴스를 보도했다.

기자 출신으로 중앙일보 주필을 지낸 문창극은 강연을 위해 막대한 자료를 조사하여 1800년대 초반부터 식민지 시대까지의 한국 현대사를 돌아보면서 "하나님께서는 우리에게 시련을 주셨다. 각성해야 한다"고 말했다.

강연 서두(冒頭)에서 문창극은 1832년 한국을 찾은 선교사가 당시의 조선(당시는 조선조, 순조 32년)을 어떻게 봤는지 설명했다. 선교사는 이렇게 기록했다고 한다.

"조선 사람들은 불결과 빈곤 속에 자신의 삶을 살고 있었다. 내가 만난 사람들의 피부는 예외 없이 때가 묻어 있었다. 머리를 몇 달이나 안 감아서인지 머리카락은 이 투성이였는데 우리가 보는 앞에서 잡아 죽이는 것을 주저하지 않았다."

또한 1890년대 조선을 둘러본 뒤 『조선과 그 이웃나라』를 쓴 영국 여성 I.B. 비숍의 기록도 소개했다. 비숍은 부산으로 입국해 북상하면서 신의주와 산마을 강계(江界)까지 조선 각지를 구석구석 샅샅이 훑었다. 당연히 서울 구경도

했다. 그녀의 눈에 비친 서울은 '냄새가 지독하고 거리마다 인분이 어지럽게 널려 있어 걷지도 못하는' 도시였다고 회고한다.

비숍의 기록에 따르면 "인구가 800명인 한 지방은 백성들 인구보다 관리가 더 많았다. 백성들은 이런 관리들에게 착취까지 당하는 데 너무 지쳐 있었다."

그 후 한국은 기독교를 받아들였지만, 1910년에 일본의 식민지가 됐다. "그렇다면 하나님은 왜 우리를 보호해주지 않고 일제 강점을 허락하셨을까요"라고 물은 뒤 문창극은 말을 이었다.

"하나님의 뜻이 있었습니다. '너희들은 이씨 조선 500년 동안 게으른 민족이었다. 너희들에게는 시련이 필요하다. (중략) 하나님은 우리에게 36년 간의 고난을 준 뒤 독립을 허락하셨습니다. 이 모든 것은 하나님의 뜻입니다."

KBS가 흘린 것은 이 부분이다. 보도가 나간 뒤, 문창극은 언론의 집중포화를 맞으며 한동안 바깥출입도 자제해야 하는 어처구니 없는 상황이 벌어졌고, 결국 사퇴했다.

노조에 빼앗긴 '미친 언론'

현재 언론노조에 가입한 매체는 KBS, MBC를 포함해 132곳, 가입자는 약 1만 3천 명에 이른다. 『미친 언론』에 의하면 "그들은 매일 좌편향 보도를 홍수처럼 쏟아내면서 한국 여론을 주도하고 있다."

더구나 언론노조는 문재인 정권의 최대 지지기반인 좌파 단체에서 80만 명의 가입자를 자랑하는 '민노총'과 연대, 그 외에도 수백 곳의 좌파시민 단체와도 공동투쟁 노선을 함께 하고 있다.

언론노조 규약의 총칙에는 '국내외 다른 노조 노동단체 및 민주 사회단체와 연대해'(제5조) '노조의 정치 세력화'(제6조)를 도모하는 것으로 되어 있다.

박근혜 정부는 '무모'하게도 이런 언론 노조와 민노총을 적으로 돌렸다. 대통령 취임 후 그녀는 불법적인 파업에는 엄격하게 대처하겠다고 공언했다. 인기에 영합하지 않겠다고도 했다. 오직 대한민국을 살리는 일에 매진하겠다고 선언했다.

민노총과 박근혜 정부의 첫 번째 전쟁은 취임 10개월 후의 2013년 12월 민노총 산하 한국철도공사 노조 파업에서 비롯됐다. 파업은 22일 간 이어졌지만 박 정권은 타협 불가 입장을 고수했다. 이전까지의 역대 정권은 민노총 산하 '강

성노조'로 알려진 철도노조에 손을 대지 못하고 적당한 선에서 타협해 왔다. 그런데 박 정권은 파업을 선언한 노조 집행부 관계자 194명을 고소하고 파업 참가자 6천여 명을 직위 해제하는 방식으로 정면 돌파를 시도했다.

파업이 2주째로 접어든 2013년 12월 17일 대검찰청은 주모자 10명에 대해 체포 영장을 발부하고 6천여 명의 경찰력을 동원해 노조 간부를 구속하려고 움직였다(이때 국회의원 박지원과 김무성의 무모한 개입으로 인해 노조 위원장등의 체포는 실패했다: 편집자 주). 하지만 결국 파업은 노조 측이 철회하는 쪽으로 수습되었지만 이런 박근혜 정부의 태도는 민노총의 분노를 사기에 충분했다.

그후 민노총은 10만 명의 조합원을 서울광장에 모아 노동계의 총파업을 선포하고 '전국교직원노동조합(전교조)' 등 좌파시민단체, 통합진보당(통진당), 정의당 등의 야당과 연대하여 박근혜 퇴진운동을 시작했다. 총파업은 2014년 1월까지 이어지다가 2월에 들어서서는 '국민 총파업'을 선언하더니 급기야 박근혜의 퇴진을 요구했다.

이러한 총파업을 동반한 국민총궐기운동이 최고조에 달한 것은 2015년 11월 14일이다. 시위대는 쇠파이프, 곤봉, 죽창을 손에 들고 쇠사다리를 이용해 폴리스라인이 된 경찰버스의 벽을 넘어뜨리는 실력행사에 나섰다. 이 시위에서 100명이 넘는 부상자와 50대의 경찰 차량이 파손됐다.

경찰은 민노총이 시위를 미리 기획한 것이라고 단정했다. 사전에 쇠파이프와 경찰차량을 쓰러뜨리는데 필요한 밧줄, 쇠사다리, 복면을 대량으로 구입해 배포한 점에 주목해 집행부가 폭력을 교사 선동했다는 혐의로 구속영장이 발부됐다.

여당인 새누리당(당시)은 성명을 발표하고 "민노총 등 53개 단체가 실시한 이번 시위는 법치의 근간을 뒤흔드는 폭력 시위다. 상습적으로 반정부 시위를 벌이는 시민단체와 이적(북한을 이롭게 하는 단체) 단체들의 공권력에 대한 도전이다"라고 규탄했다.

박근혜 정부가 민노총 위원장인 한상균을 구속한 것은 2015년 12월이다. 그동안 박근혜는 좌파를 양산하는 온상이 되고 있는 전국교직원노동조합(전교조)을 비합법 단체로 지정, 좌파 교과서를 폐지하고 보수의 가치관을 반영한 국정교과서 채택을 서두르며 '진보 좌파'세력 대통합을 표방하고 결성해, 6명의 국회의원을 배출한 통합 진보당(통진당)을 극좌 세력, 헌법 질서를 파괴하는 정당이라고 단정해 해산시켰다.

통진당은 정당 지지율 조사에서 3%의 지지를 받을 정도로 강한 지지층을 갖고 있었다. 한국의 유권자 인구가 4천만 명(2018년 통계에서 4,193만 명)으로 본다면 120만 명 정도의 한국인은 통진당을 지지하고 있는 셈이다. 거기에 더해

80만 명의 민노총과 전교조 회원 5만 명(통합진보당 지지층과 겹치는 경우도 있지만)을 합산하면 무시 못할 세력이다.

박근혜 정부의 국정 운영은 이 100만 명이 넘는 좌파 성향의 국민들의 벽을 넘어야만 하는 딜레마를 안고 있었다.

마리 앙투아네트가 된 박근혜

그러던 중 2016년 10월 좌파 종편방송인 JTBC가 박근혜 정부가 그동안 한 민간인 여성에게 조종당해 '국정이 농단' 되었다는 의혹이 있고, 그 물증(태블릿 PC)을 입수했다고 보도했다.

자세한 것은 제3장에서 서술하겠지만 『미친 언론』을 쓴 성창경은 "그 때의 언론은 '박근혜 혐오 프레임'을 만들었다. 탄핵은 언론이 조직적으로 설계하고 실행한 '공작'이었던 것이다"라고 단정한다.

언론이 만든 프레임은 이렇다. 연설문조차 쓸 줄 모르는 박근혜는 아버지 박정희에게 향수를 느끼는 보수 세력에 의해서 대통령의 자리에 올랐다. 그러나 국정을 관장할 능력이 없어 속수무책이었다. 종교인을 자처하는 최태민이라는 수상쩍은 인물에게 정신적으로 지배당했고 최 씨가 사망한 뒤 그의 딸인 최서원(본명 최순실)에게 의지해 왔다.

박근혜는 이 가족과 20대 때부터 관계를 계속 가져왔고, 대통령이 된 이후에는 최순실이 태블릿 PC를 가지고 대통령의 연설문을 수정하고 국정에 관한 자료를 열람하면서 국정에 개입했다는 것이다(이 혐의들은 나중에 재판에서 무죄가 된다).

의혹이 보도된 뒤, 국민의당(당시) 소속 국회의원으로 노무현 정권 때 통일부 장관을 지냈던 정동영은 "이것은 한국판 라스푸틴 사건"이라고 비난했다. 라스푸틴은 제정 러시아 황제 니콜라이 2세의 환심을 얻어 국정을 농단하고, 러시아를 몰락으로 이끈 수상쩍은 수도사로 알려진 인물이다. 언론은 박근혜가 국정 운영의 무엇을 잘못했고, 어떤 문제가 발생했는지를 검증하지 않고 여성 대통령의 알려지지 않은 은밀한 사생활을 집요하게 물고 늘어지기 시작했다. 그 중에서도 언론이 관심을 나타낸 것이 세월호 침몰 사고 당일 대통령의 '세월호 7시간'이었다. 그 시간에 대통령은 관저에서 미용시술을 받았고, 무당을 불러 샤머니즘 행사와 굿판을 벌였으며 비아그라를 대량으로 구입했고, 머리 손질에 몇 시간이나 허비했다는 보도가 이어졌다. 또 세월호 침몰 사고로 어린 학생들이 목숨을 잃는 그 순간 박근혜는 한 남성과 밀회한 것이 아니냐는 의혹까지 제기됐다.

이런 말초신경을 자극하는 센세이셔널한 보도는 대중의

공분을 부추기기에 충분하였다. 이 같은 보도를 하루 종일 접하게 된 군중은 촛불을 들고 광화문광장에 모여 시위를 벌였다. 시위대는 가짜 단두대를 만들어 박근혜 인형을 매달고 행진했다. 사극에서 궁녀들이 왕비(박근혜의 얼굴을 한 왕비)에게 '사약(賜藥, 왕이 하사하는 독약)'을 마시게 하는 사진까지 확대해서 내걸고 행진했다. 그 시위대 속에는 박근혜의 얼굴을 축구공처럼 만들어 걷어차는 광경까지 연출했다. 이 광화문 시위에는 대통령 유력 후보자인 문재인도 참석해 "정권 교체가 안되면 혁명밖에 없다"라며 군중을 선동하였다.

당시 그런 광경을 확인하기 위해 한국을 찾았던 필자에게 월간조선의 한 기자는 이렇게 설명해 주었다.

"지금 한국에서는 18세기 파리 혁명이 재현되려 하고 있다. 박근혜는 마리 앙투아네트 왕비와 같은 운명에 처해질지도 모른다. 언론 보도로 매장당할 것이다."

소설가 엔도 슈사쿠(遠藤周作)를 좋아하는 친구는 프랑스 혁명 전야의 파리는 에로틱하고 포르노적인 문학이 유행했다고 설명했다. 문학 작품의 주제는 마리 앙투아네트였다. 맘에 든 사람들과의 동성애, 많은 남자들과의 난교를 그린 포르노나, 왕비가 자신의 아들과 부적절한 관계를 갖는다는 팸플릿이 대중 속에 퍼져 왕비는 풍자당하고 폄하됐다.

18세에 왕비가 된 마리 앙투아네트는 처음부터 노는 걸 좋아해서 매일 극장이나 무도회, 도박장에서 대중 속에 뒤섞여 향락에 열중하며 아침이 될 때까지 베르사유 궁으로 돌아오지 않는 일이 비일비재했기 때문에 귀족들의 반감을 샀다.

프랑스 혁명을 연구한 전문가의 고증에 의하면 "빵이 없으면 케이크를 먹으면 된다"는 말은 왕비가 한 말이 아니었다. 프랑스 혁명에 관한 연구 논문에 따르면 그녀를 둘러싼 많은 소문들은 왕비를 혁명의 제물로 삼으려는 귀족들이 퍼뜨린 유언비어였다고 한다.

그녀에게 씌어진 혐의 대부분은 확실한 증거가 없었다. 법원은 8세가 되는 왕비의 아들에게 술을 마시게 하여 어머니와 관계를 가졌던 것을 인정하도록 했으며, 왕비를 근친상간 혐의로 처형했다.

문(文) 정권에서 정의로운 언론은 실종되었다

2018년 8월 24일, 서울고등법원은 뇌물, 직권 남용, 권리 행사 방해 등 무려 18가지의 혐의로 기소된 박근혜 전 대통령에 대한 2심 선고 공판에서 징역 25년, 벌금 200억 원을 선고했다. 그 밖에 재임 중에 국정원으로부터 특별 활동비를 상납 받은 혐의에 대해서도 재판을 받고 있다. 이 재판의 1심 선고 공판에서는 징역 8년, 추징금 33억 원을 선고 받았다. 재판출석을 거부하고 있는 박근혜에게 판결이 그대로 적용되면 박근혜의 형기는 99세가 되어야 끝난다.

2심 공판 부장판사는 1심(징역 24년)보다 형을 가중시킨 이유를 판결문에 이렇게 썼다.

"박 전 대통령은 범행을 모두 부인하고 오히려 책임을 주변에 전가하는 태도를 보였다."

박근혜가 재판의 보이콧을 시작한 것은 구속되고 180일째를 맞는 2017년 10월 16일 이후이다. 한국의 형사소송법에는 1심 구속 기간은 6개월로 정해졌다. 서울중앙지방법원은 1차 구속 영장에 포함되지 않았던 삼성그룹 이외의 재벌 기업으로부터 뇌물을 받으려 한 혐의를 추가해 구속 연장 영장을 발부했다. 구속기간을 6개월 더 연장하는 결정을 한 부장판사는 사유서에 이렇게 썼다.

"피고인은 혐의를 모두 부인하고 있다. 석방할 경우 증거 인멸의 우려가 있기 때문에 구속을 연장할 필요가 상당히 인정된다."

박근혜의 구속 이후 재판을 한 번도 빠지지 않고 방청한 전 「월간조선」 우종창 기자는 "박 대통령은 그때까지 주 4회, 한 번에 10시간이 넘는 재판을 견디며 진지하게 대응했다. 하지만 이런 상황에서는 공정한 재판을 바랄 수 없다고 판단한 것이 아니겠냐"고 말했다.

그때까지 침묵을 지켜 온 박근혜는 구속기간이 연장되자 담담하게 자신의 소신을 밝혔다

"재판을 통해 진실을 밝힐 수 있으리라 생각하고 버텨왔다. 재판은 정치적 외풍과 여론의 압력에 굴복하지 않고 오로지 헌법과 양심에 따라 이뤄진다고 믿었지만 그런(법원에 대한) 신뢰는 의미가 없다는 결론에 이르렀다. 그리고 법치의 이름을 빌린 정치보복은 나를 마지막으로 끝나기를 바란다. 모든 책임 추궁은 나에게로 한정해 주었으면 한다. 나를 위해 법정에 서 있는 공직자, 기업인에게는 관용을 베풀어 주면 좋겠다."고 밝혔다. 재판을 보이콧한 것은 재판이 공정하지 않고 정치보복으로 보였기 때문"이라고 진술했다.

한국에서는 재판이 법 해석을 포함해 판사의 재량권에 좌우되는 경우가 많은 것 같다.

박근혜에 대한 2심 선고 공판 6일 전인 8월 18일, 서울중앙지방법원은 문재인의 측근 중의 측근으로 알려진 김경수 경상남도 도지사에 대한 구속 영장 청구를 기각했다.

김경수는 인터넷 포털 사이트에서 댓글을 조작해 여론을 조작한 '드루킹(여론 조작 소프트웨어를 개발한 중심인물의 유저명, 드루킹 사건에 연루된 일당 전체를 가리키는 경우도 있다)'과

공모하고 8,840만 건의 조작에 관여하고 공직선거법 위반, 업무방해 혐의를 받았지만, 법원은 "증거 인멸 가능성에 관한 설명이 불충분하며, 피의자의 주거와 직업을 종합적으로 고려하면 구속 사유와 필요성이 인정하기 어렵다"라고 한 것이다.

2018년 6월 13일 지방선거에서 경상남도 지사에 당선된 김경수는 서울대학 재학 중에 '이적 표현물(북한을 찬미, 옹호한 전단 등)'을 배포한 혐의로 2년의 징역형을 받은 전과가 있다. 노무현 정권 때 대통령 비서실장인 문재인 밑에서 비서관을 지내다 노무현 퇴임 후에도 비서 노릇을 자진해서 떠맡은 '노무현의 마지막 비서관'이며, 문재인의 복심으로 알려진 인물이다(2017년 6월 2일자 「한겨레신문」).

한국 법원의 판단이 어떤 기준으로 이루어지는지는 불명확한 경우가 많다. 마찬가지로 여론조작에 관여한 것으로 알려진 이명박 정부에서 국정원장을 지낸 원세훈은 구속되어 재판을 받았다.

문 정권은 지난 정권에 관련된 인물들과 사건에는 가차없는 엄중한 태도를 취하고 있다. 2018년 상반기 한국법원은 11만 8천 건이 넘는 수색과 압류영장을 발부했다.

평균적으로 하루 650번이나 수사 기관이 누군가의 집과 사무실을 수색, 휴대전화, 은행계좌를 압수하고 조사하고 있는 셈이다.

2018년에만 한국 검찰은 삼성그룹에 대해 10여 차례 이상 압수 수색했다. 삼성전자 본사 4회, 삼성전자서비스 3회, 삼성경제연구소 등 핵심 회사에 대한 무차별적인 수색과 압류를 했다. 조선일보는 다음과 같은 기사를 내 보냈다. "'노조 와해 의혹(노동조합 설립을 저지하는 공작)' 수사팀은 삼성경제연구소에 나타나 연구소의 자료를 닥치는 대로 뒤져서 가져갔다. 이런 분위기 속에서 안심하고 일할 수 없다는 불만을 터뜨리는 사원들이 많다."(2018년 8월 23일).

문 정권에 비판적인 많은 학자들과 언론인들, 그리고 변호사들은 입을 모아 이렇게 말한다.
"자유민주주의 사회에서, 정의를 실현하는 것은 언론(미디어)과 법치, 정당한 절차이다. 문 정권 아래서는 이 세 가지가 모두 실종돼 버렸다."

제1장 |
남북회담의 비밀에 숨겨져 있는 깊은 뜻

문재인이 인용한 김일성주의자의 어록

"이쪽에 서시겠습니까."

남북 군사분계선이 있는 판문점. 맑게 갠 하늘 아래, 문재인이 그렇게 재촉하자 김정은은 군사분계선을 훌쩍 뛰어넘었다.

남북 분단 이후 북의 최고지도자가 처음으로 한국에 입국하는 순간이었다. 두 사람은 웃으며 손을 잡았다.

'역사적'이라고 평가되었던 2018년 4월 27일 남북 정상회담, 연출된 정치쇼의 시작은 2월에 있었던 평창 동계올림픽이었다.

2월 9일. 각국 정상들이 모이는 평창 동계올림픽 개막식 리셉션 행사에 나온 문재인은 만면에 가득 웃음을 띤 채 다음과 같이 환영사를 읽어 내려갔다.

"제가 존경하는 한국의 사상가 신영복 선생은 겨울의 추위를 견디기 위해 옆 사람의 체온을 이용하는 것을 '원시적 우정'이라고 따뜻하게 표현했습니다."

혹한 속에서 따뜻한 우정을 나누자며 '한국의 사상가'의 말을 인용했다고 생각했을지도 모른다. 그러나 북한 최고인민회의 상임위원장인 김영남만은 문재인의 깊은 뜻을 순간적으로 알아차렸을 것이다.

신영복은 북한 조선노동당의 지령 아래 남한 내에 만들어진 지하조직 '통일혁명당(통혁당)' 핵심당원이었다. 통혁당이 한국의 유력인사들을 포섭해 합법적인 정당을 목표로 하던 공작이 1968년 한국 대공 수사기관에 의해 적발되었다. 무장한 공작선 1척, 무전기 7대, 기관총 12정, 권총 등이 압수된 이 사건에서 158명이 검거되었다. 주범격인 김종태 등 3명은 사형, 신영복도 1, 2심에서 사형 판결을 받았으나 대법원에서 무기징역으로 감형되었다.

한국 정보기관인 중앙정보부(KCIA, 현재의 국가정보원) 수사 보고서에 따르면 북한에 밀입국한 김종태는 4차례나 김일성과 면담을 하고 공작 자금을 받았다.

신영복은 서울대 경제학과를 졸업한 뒤, 육군사관학교에서 교관으로 재직하던 중 통혁당에 입당하였다.

KCIA의 수사보고서는 '통일혁명당'은 표면적으로는 혁신정당이라 부르고, 합법화된 조직으로 반정부·반미시위를 벌이는 등 정부를 공격했으며, 소요사태(騷擾狀態) 유발을 목적으로 활동했다고 기술되어 있다.

처형당한 김종태에게 김일성은 '영웅 칭호'를 수여하고 해주사범학교를 '김종태사범학교'로 명명하는 등 공적을 치하하고, 한국정부에 복역 중인 신영복의 신병 인도를 집요하게 요구했다.

북한은 베트남 전쟁 후 베트남에 억류된 3명의 한국 외교관들 석방에 협력할테니 그들과 신영복의 신병을 맞교환하자고 제안했다.

당시 김영남은 조선노동당 국제담당비서로 외교의 일선에서 활약하고 있었다. 신영복에 대한 기억은 지금까지도 생생할 것이다.

1988년 신영복은 전향서(轉向書)를 쓴 뒤 20년 만에 가석방 되었다. 그러나 자신은 절대로 전향하지 않았다고 공언해 왔다. 김대중 좌파정권이 들어서자 좌파 성향의 월간

지인 「말」지 인터뷰에서 "분명히 전향서는 썼지만 앞으로도 통혁당에 참여했을 때와 마찬가지로 활동을 계속할 것이다"라고 말했다.

평창 동계올림픽이라는 평화의 제전에서 문재인이 신영복의 말을 인용한 것은 즉흥적 착상이 아니라 치밀하게 준비된 것이었다는 것이 그후 더욱더 명확해졌다.

2018년 2월 10일 문재인은 김영남과 당 제1부부장(副部長)인 김여정을 청와대로 초청해 신영복이 쓴 것으로 알려진 '통'을 모티브로 한 대형 서예작품 앞에서 기념촬영을 했다(이 서화는 청와대가 북측 고위급 대표단의 방문에 맞춰 특별히 제작한 것으로 신영복이 쓴 '통(通)'자를 모티브로, 판화가 이철수가 제작했다). '궁하면 변하고 변하면 통하고 통하면 오래 간다'는 의미를 담고 있다. 사진의 오른쪽 판화에는 "통(統)이 완성이라면 통(通)은 과정입니다… 통(通)으로 통(統)을 이루게 되기를'이라는 설명이 있다. 문재인이 특히 좋아하는 글이다(편집자 주).

대학 시절 김일성 사상에 빠진 운동권 출신으로 전향후 보수 정치인이 됐고, 국회의원과 경기도지사를 지낸 김문수는 유튜브 방송에서 이렇게 말했다.

"신영복은 김일성의 지시에 따라 대한민국을 전복시키려 했던 인물이다. 한국의 대통령이 이런 사람을 존경한다니 어떻게 해야 좋을런지 밤잠을 설친다."

70년 전의 '남북회담'에서부터 엇갈린 통일관

　북한이 풍계리 핵실험장을 폐기할 것이라 발표한 2018년 4월 21일자 조선 노동당 기관지(機関紙)「노동신문」에는 70년 전 열렸던 '남북연석회의'를 기념하는 새 우표 일러스트가 실려있었다. 일러스트의 중앙에는 오른손을 높이 들고 환호하는 군중을 향해 미소 짓는 젊은 날의 김일성, 그 옆에는 한국에서 독립 영웅으로 존경받는 김구가 공손한 자세로 서 있었다. 김구는 문재인이 매우 존경하는 인물이다.

　회의가 열렸던 것은 1948년 4월 19일. 남조선(당시)에서는 41곳의 정당·사회단체를 대표하는 395명이 참석했고, 그 대표적 인물이 김구였다.

　한국에서는 이 모임을 남북 현대 역사상 '첫 정상회담'(2010년 2월 3일「한겨레21」)이라 칭송하는 사람들이 더러 있다. 주로 좌파라고 불리는 학자나 정치인들이다.

1920년대 중국 상하이를 거점으로 '대한민국 임시정부'의 주석(대통령 이승만)이 되어 일본의 중요인물 암살을 지휘하는 등 독립운동을 벌였던 김구가 한국으로 귀국한 것은 1945년 11월. 한반도는 이미 38선을 경계로 두 개로 나누어질 조짐을 보이고 있었다.

1945년 12월 모스크바에서 전승국 미국·영국·소련의 외무장관 회의가 열렸고 조선의 통치 체제에 대한 협의가 이루어졌다. 미-소는 조선의 각 정당 등과 협의해 임시정부를 설치, 미·영·중·소련(美英中露)이 신탁통치를 한 뒤 통일정부를 수립하기로 했다.

김일성 뒤를 따라 '남북연석회담장'으로 들어가는 김구선생(1948년 2월 22일)

당시 서울에서는 우후죽순처럼 군소정당이 난립, 이합집산을 반복하며 주도권 싸움을 일삼았다. 그 가운데 주요한 정치 세력을 형성한 것이 중국 편에 붙자는 김구, 미국과 함께 해야 한다는 이승만(한국의 건국 대통령), 중도좌파인 여운형이었지만, 그들은 모두 신탁통치에 반대했다.

김구는 "우리가 왜 서양 신발을 신어야 하는가. 짚신을 신고, 서양복은 벗어버리자. 우리 민족은 전멸하더라도 신탁통치만은 받아들여서는 안 된다"고 주장했다.

이러한 김구를 추종하는 단체가 그들의 운동에 가담하지 않은 한국민주당 초대 당수인 송진우를 암살했다.

반면 북한에서는 김일성이 소련 군정의 지지를 등에 업고 지주들 소유의 토지를 몰수하고 민족자본과 일본인이 소유하고 있던 공장을 빼앗아 인민에게 나누어 주는 등 주민의 환심을 얻어 정권 기반을 닦아나갔다.

최근 러시아 정부가 공개한 구소련의 자료에 의하면 스탈린은 한반도에 하루속히 단독정부를 만들 작정으로 김일성에게 지령을 내렸다.

그런 소련과 김일성 측의 의도를 알 턱이 없는 김구는 1948년 2월 남북요인 회담을 요청하는 내용의 편지를 김일성에 보내 "남북이 동시에 총선을 실시하여 통일 정부를 만들자"고 호소했다. 남북 협력 아래 통일정부 수립이 가능하다고 믿었던 것이다. 김구는 편지에 이렇게 썼다.

"우리는 자기 몸이 반으로 끊어지는 일은 있어도 조국이 분단되는 것을 볼 수는 없지 않느냐."

그러나 김구의 절규가 김일성의 귀에 들어올 리가 없었다. 김일성에게 남측은 대등한 상대가 아니라 언젠가는 지령대로 움직여야 하는 존재로 보았던 것이다.

김구를 이용하려던 김일성은 북한의 정당·단체의 명의로 남측에 '전조선(全朝鮮)의 정당·시민단체 대표자 연석회의'를 제안했다. 그것이 남북화합·통일과 거리가 먼 희대의 '기만쇼'였다는 것은 시간이 지난 다음 깨달았다.

70년 전의 '첫 남북회담'에서부터 이미 통일의 비전이 달랐던 남과 북. 2018년 4월 27일, 남북 정상회담 직전 노동신문이 돌연 김일성과 김구 사진을 게재한 데에는 그 누구도 헤아릴 수 없는 깊은 뜻이 숨어 있었을지도 모른다.

'건국일'을 둘러싼 좌파와 우파의 대립

2017년 12월, 중국을 공식 방문한 문재인은 마지막 방중계획으로 내륙에 있는 중경(重慶)시를 찾아 김구가 활동하던 '대한민국 임시정부'의 옛 청사를 한국 대통령으로서는 처음으로 방문했다.

김구가 사용했다는 붓과 책상, 침구를 둘러본 뒤 독립운동 유족들과 간담회 자리에서 문재인은 이렇게 말했다.

"이곳에 와 보니 우리 선열들이 중국 각지를 전전하며 항일 독립운동에 바친 피와 눈물, 혼과 숨결을 느꼈습니다."

방명록에는 또 이렇게 썼다.

"대한민국 임시정부는 우리들의 뿌리, 우리들의 정신이다."

문재인이 바쁜 일정을 쪼개어 중경을 방문한 이유는 깊

은 의미가 담겨있었다.

한국에서는 아직도 건국일을 놓고 좌파(진보)와 우파(보수)가 첨예하게 대립하고 있다. 좌파는 일제시대에 독립을 위해 '3·1운동'이 일어난 1919년 3월 1일이후 상해로 도망간 독립운동가들이 임시정부를 발족한 4월 11일을 대한민국 정부가 수립된 날이라고 주장하는 반면 우파는 민주적 절차에 따라 정부수립을 선포한 1948년 8월 15일을 대한민국 건국일이라고 주장한다.

문은 대통령 취임식 후 '대한민국의 건국은 1948년'이라고 기술한 박근혜 정부 시절의 '국정교과서' 폐기를 지시했다. 2017년 8월에는, 대통령 취임 후 첫 '광복절' 축사에서 "2019년, 대한민국은 건국과 임시정부 수립 100주년을 맞이한다"고 발표했다.

이제까지 건국일을 기념해 왔던 1948년 8월 15일을 부정하고 1919년 4월 11일 상해(上海)에서 결성된 망명정부 수립일을 건국일로 분명히 한 것이다(이때 임시정부 대통령은 이승만, 주석은 김구였다: 편집자 주).

좌파 세력이 '1948년 8월'을 부인하는 이유는 크게 두 가지다.

첫째는 한국에서 건국의 주체가 된 것은 일본의 식민지

통치에 협력한 관료와 자본가들이었다는 사실이다. 하지만 북한에서는 친일세력을 인민재판으로 처단한 뒤 나라를 세웠기 때문에 정통성이 있다고 본다. 일부의 좌파들이 북한에 연대감을 갖는 이유가 여기에 있다.

둘째는 1948년 건국한 한국 정부는 미국 및 반공주의 등의 '외부 세력'에 의존해 온 반쪽짜리 정부라는 주장이다. 반면 북한은 '민족·자주'를 국시로 삼는다. 좌파에게 있어 지금의 보수 세력 다수는 친일파의 후손인 독재정권에 '기생'했던 사람들이요, 청산해야 할 대상인 것이다.

대한민국 임시정부는 1919년 3월 상해 조계(租界, 난징조약에 의해 프랑스가 100년간 조차하기로 한 지역)에서 만들어졌다. 임시 정부가 중국 각지를 전전하다가 중경에 거점을 둔 이유는 1940년 장개석(蔣介石)의 국민당 정부가 임시정부를 정식으로 인정하지는 않았으나 주석인 김구를 비롯해 독립운동가들과 가족들에게는 은신처를 제공하고 독립 자금을 지원했기 때문이다.

문재인이 건국일에 집착하는 이유를 좌파 언론은 다음과 같이 보도했다.

"1919년 기원설(대한민국 건국)의 핵심은 '국민 주권' '민족 공동체', 즉 같은 민족에게 있다."('오마이뉴스」)

당시 한반도는 일본의 지배를 받았지만 남북은 하나였다. 그러나 1948년의 건국은 북한을 제외한 남한의 단독선거를 통해 만들어진 정부이기에 정통성을 인정할 수 없다는 주장이다.

한때 임시정부의 동지였던 이승만과 김구가 결별하게 된 결정적 이유는 통일정부 수립을 둘러싼 이견이었다. 김구는 민족이 하나가 될 수만 있다면 김일성의 공산주의 세력과도 손을 잡을 작정이었다.

'공산주의자들에게 이용당한 김구'를 칭송한 문재인

　광복 직후부터 한국 전쟁이 발발한 1950년 6월까지의 기간을 한국에서는 '해방 공간'이라고 부른다. 해방 후 한반도에서 가장 먼저 주도권을 잡은 것은 좌익세력을 대표하는 여운형, 그리고 박헌영이 이끄는 급진적 공산주의 세력인 조선공산당이었다.

　박헌영은 당초 여운형과 활동을 함께 했었지만 결별하고 1946년 영구차에 숨어 북쪽으로 들어갔다. 후에 북한에서 내각부총리까지 지낸 인물이다. 박헌영이 북쪽으로 넘어간 뒤인 1947년 7월 여운형은 암살되었다.

　당시 남한에서는 김일성과 통일 정부를 만드는 것에 대해 회의적인 여론이 높았고 주요 정치인 다수가 남한 단독 정부수립을 주장하게 되었지만, 1947년 12월 단독 정부수립을 주창한 저명한 언론인 장덕수가 자택에서 암살되는 등 시대 상황은 혼란의 극치를 달렸다.

묘하게도 그 타이밍에 김일성은 통일 민주국가 수립을 의논하자며 연석회의 참가를 남한에 호소했는데, 남한에서 단독정부가 수립되는 것을 막아보려는 심산이었다.

김구가 남북회의에 응하는 것에 대해 정적(政敵)은 물론 측근들마저 반대한 것으로 알려져 있었다. 또한 김구는 여운형 암살사건의 배후로 지목받아 재판을 받는 몸이었지만 그럼에도 불구하고 평양행을 결심했다. 후에 김구는 당시의 심경을 다음과 같이 말했다.

"북이 준비한 행사에 들러리로 서게 된 것은 아닌가 하는 지적도 있었지만 어쨌든 가는 것이 옳다고 생각했다."

미국도 회의에 참석하는 것에 대해 반대했다. 하지 장군은 "남한에서 김일성이 주최하는 회의에 참석하는 사람들 중에는 '유명한 사람(김구 등을 지칭)'도 있다. 대다수는 공산당인 조선을 소련의 위성국가로 만들려고 하는 사람들이다"라는 성명서(聲明書)를 발표했다.

결과적으로 김일성의 평화공작에 이용당한 김구를 문재인은 중경까지 찾아가 그를 찬양한 것이다.

김구의 활동무대를 문재인이 좌파정권의 정통의 뿌리라고 인식했던 대한민국 임시정부. 그러나 보수 지식인들은 "임시정부가 만들어질 당시 한국은 일본의 식민지였다. 임시정부는 영토도 통치할 수 있는 국민도 없었다. 영토도, 국민도, 주권도 없는 나라가 이 세상에 존재한다는 것이 말이 되느냐"며 반감을 표시했다.

「한국경제신문」의 주필이었던 정규재(현 「펜앤드마이크」 주간)는 "임시정부는 영토, 국민, 주권을 갖고 있지 않았다. 좌파가 건국을 1919년이라고 억지를 부리는 것은 정치적인 의도가 다분히 있다"고 주장한다.

2017년 12월, 위안부 문제를 둘러싼 한일간 합의임에도 불구하고 "위안부 문제의 재고(再考)는 불가피하다"고 주장했다. 한국의 좌파에게 반일은 선(善)이고 방편이며 자기 긍정의 수단이라고 할 수 있다. 그것은 한국의 '건국일'은 국가의 형성을 둘러싼 논쟁과도 관련이 있다.

좌파 정권은 반일을, 한국내에서는 보수 궤멸을, 대외적으로는 식민지 지배를 받은 쪽의 도덕적 우위를 보여주는 수단으로 이용하고 있다.

그것은 문재인의 방중 때 "한중(韓中)은 근대사의 고난을 함께 한 동지다." "한국인은 중국인이 겪었던 쓰라리고 아픈 과거에 깊은 동정심을 갖고 있다"는 발언에서도 잘 드러난다.

이 같은 문 정권의 가치관은 위안부 합의서 뿐만 아니라 한반도 유사시에도 어두운 그림자를 드리우고 있다.

문재인은 방중에서 한미일 안보협력을 군사동맹으로 발전시키지 않겠다고 중국 측과 '약속'했다. 한반도 유사시 국익보다 좌파적 가치관을 더 중요하게 생각한 것이다.

한국에는 관광객을 포함해서 약 5만 7천 명의 일본인이 체류하고 있지만, 한반도 유사시 일본인의 대피 방법 등에 대해서 문 정부는 일본과의 사전 협의에 응하지 않고 있다.

반세기 가까이 한국 현대사를 연구하고 수많은 역사책을 집필한 전직 대학교수는 이렇게 한탄한다.

"문 정권은 현실 오인, 역사 오인이 심각하다. 이래서는 미래가 없다."

김일성과 대화를 한들 소용있겠나

한국에서는 건국 대통령 이승만에 대한 평가가 지금도 엇갈리고 있다. "그가 없었다면 남한에서는 정부를 만들 수도 없었을테고 북한처럼 공산화가 됐을 것이다"(한국학중앙연구원 양동안 명예교수). "남북 분단을 초래했다는 점에서 상당히 부정적이다"(한국외국어대 방병율 교수)는 의견이다. 이승만은 철저한 반(反)소련·반공산주의자였다.

"(한반도 내의) 공산주의자는 소련과 같다. 비록 가족이라 하더라도 공산주의자는 거부하라. 공산주의자는 파괴주의자이기 때문에 (권력 장악) 한 사람도 남김없이 체포해야 한다. 내 동생이라 할지라도 공산주의 훈련을 받았다면 그는 이제 당신의 동생이 아니다" 등의 발언으로도 유명하다.

그리고 소련의 지령을 받는 김일성의 남한을 향한 평화공세는 기만전술일 뿐이라고 보았다.

그는 1906년 미국으로 유학을 갔다. 하버드대에서 석사학위와 프린스턴대에서 박사학위를 받은 뒤 하와이에서 한인학교 교장을 맡는 등 교육 활동을 했다. 그리고 1917년 『독립정신』을 발표했다. 교육자, 언론인, 작가로 유명했던 그가 정치인으로서 널리 알려지게 된 것은 1919년 4월 '대한민국 임시정부'의 대통령으로 선출된 후였다(후에 사상갈등으로 해임).

이승만은 미국을 거점으로 독립운동을 하고 있었지만 1945년 10월 16일 한국으로 귀국했다. 중경의 '대한민국 임시정부' 주석인 김구보다 한발 빨랐다.

당시 좌익세력은 급진 공산주의 세력과 연합해 서울에 '조선인민공화국'을 발족하여 이승만을 주석으로 지명했다. 당시 좌익들은 그가 어떤 생각을 갖고 있는지 충분히 이해하지 못했다.

귀국 연설에서 이승만은 '민족 대동단결'을 외치며 곧바로 독립촉성중앙협의회(촉성회)를 발족해 65개의 정당을 한자리에 모았다. 귀국하여 1주일 만에 이승만은 주요 정치세력의 대표로 우뚝 올라섰던 것이다.

이승만은 좌우를 막론하고 군소정당을 하나로 묶으려고 시도했으나 가장 큰 걸림돌은 박헌영이 이끄는 조선공산당이었다. 이승만은 박헌영과 장시간 단독회담을 가졌지만 공산주의를 극도로 싫어하는 이승만과 급진적 공산주의자인 박헌영 사이에 접점은 없었다.

한편 북한에서는 지방에서 중앙까지 인민위원회가 만들어져 소련식 국가건설이 착착 진행되고 있었다. 1946년 2월 김일성은 인민위원회 위원장으로 취임하여 공산주의 세력 외 정당·단체를 모두 배제했다. 그리고 남한에는 통일정부 수립을 호소했다.

"김일성의 평화공세 목적은 오직 남한에 정부가 수립되는 것을 막는 것이었습니다. 남한 정치세력을 분열시키고 공산주의 세력만 끌어안고 남북 전체를 지배하는 정부를 만드는 것이었습니다."(양동안 교수)

이승만이 그때 이미 김일성의 진짜 목적을 간파했는지는 알 수 없지만 김일성의 부름에 응해 남북연석회의에 참석하러 간 김구에 대해 다음과 같이 말했다.

"김일성과의 대화를 한들 소용있겠나. 차라리 소련과 이야기하는 편이 좋을 것이다."

1948년 5월, 남한(당시)에서는 공산주의 계열, 민족 계열 정당이 참여를 거부한 채 총선이 치러졌다. 그 결과 7월에 이승만을 대통령으로 지명, 8월 15일 대한민국의 건국을 선포했다.

한국의 좌파가 이를 부정하는 것은 1948년 건국이 남북 분단을 고착화 했다는 것, 남쪽에서 단독 정부를 만들지 않고 북한과 합작을 모색했더라면 통일도 가능했다고 생각하기 때문이다.

약속을 깨뜨린 북한

"아무리 좋은 약속이나 문서가 있어도 그것을 지키지 않으면 의미가 없다."

2018년 4월 27일, 판문점의 남한지역에 위치한 '평화의 집'에서 문재인과 남북 정상회담에 임한 김정은은 모두(冒頭) 인사말에서 다음과 같이 말했다.

이에 앞서 70년 전, 첫 남북 정상회담이라고 일부에서 평가되는 '남북연석회의' 전후 건국 대통령 이승만이 "김일성과의 대화를 한들 소용 없을 것"이란 말과 동전의 앞뒷면처럼 보인다. 남북 간에는 실제로 많은 약속을 주고받았지만 결렬되어지는 일이 계속 반복되어 왔다.

문재인과 김정은의 정상회담 후 발표된 '판문점 선언'을 읽어보면 김정은이 언급한 '약속'이란 2007년, 문재인이 노무현 대통령 비서관 자격으로 김정은의 아버지인 김정일을 만났을 때 맺은 약속으로 보인다. 당시의 노무현 대통령은 북한 경제를 끌어올리기 위해 막대한 투자를 약속했었다.

　김정은은 "11년이란 세월은 길었다"라고 했다. 약속 이행을 11년이나 기다렸다고 한 말은 비꼬는 말처럼도 들렸으나 그 말을 알아 듣지 못했는지 문재인은 시종일관 기분이 좋아 보였다.

　오히려 문재인은 회담장에서 1992년(발효)의 남북 비핵화 선언에 대해 북한의 '비핵화 약속'을 따져 물었어야 했다.

　1991년 12월 31일 남북은 "한반도 비핵화에 관한 공동선언(비핵화 선언, 발효는 1992년 2월)"에 서명했다. 6개 항목인 '비핵화 선언'의 서문에는 이렇게 적혀 있다.

　'남과 북은 한반도를 비핵화하여 핵전쟁의 위험을 제거한다.' 그 목적을 실현하기 위해 남북은 '핵무기 실험과 제조, 생산, 보유, 저장, 배치, 사용을 하지 않는다.' '비핵화 검증을 위해 상대방이 선정하고 쌍방이 합의할 대상에 대해 사찰을 실시한다.' 등을 정했다.

　이것이 한국에서 보도된 것은 다음날 1992년 1월 1일. 당시 서울에서 남북평화통일연구소를 운영하던 동훈(董勳)은 "정월 초하루 아침, 신문을 펼쳐 보고는 깜짝 놀랐습니다. '남북 비핵화 선언 합의'라는 제목이 대문짝만하게 나왔기 때문입니다"라고 회고하였다.

남북 간에 비핵화에 대한 의논을 시작한 것은 북한이 핵시설이 집중된 영변(寧邊)의 5메가와트 원자로를 가동하고 몇 년이 지난 핵개발 의혹이 제기된 1987년 경이다.

공동선언문에서는 '핵 재처리시설은 보유하지 않는다'고 명문화 해 놓고서도 원자로에서 꺼낸 연료봉을 어떻게 다룰 것인지에 대해서는 전혀 언급하지 않았다.

그러나 북한은 큰 보상을 받았다. 한미 군사 합동 훈련, 팀스피리트 훈련 등을 한국 측이 일방적으로 중단했다. 그리고 국제사회가 북한에 요구한 핵시설에 대한 강제사찰은 국제원자력기구(IAEA)와 논의해야 할 사항이라며 합의문에 넣지 않은 것이다. 남한 측이 최후까지 요구한 상호강제사찰에 관한 규정을 합의문에 포함시키는 것을 북한은 계속 거부했다. '북한은 처음부터 합의는 이행 불가능하다는 것을 알고 있었다. 우리도 그것이 지켜지지 않을 거라는 것 또한 알고 있었다.'

한국의 유력 월간지 「신동아」는 남북 비핵화 선언을 검증하는 특집호에서 이렇게 지적했다.

그렇다면 어째서 합의문서에 서명한 것일까. 「신동아」는 미국의 고위관료들을 취재한 것을 토대로 분석했다.

'그것은 미국의 요청에 의한 것이었다. 소련의 위협이

사라진 상황에서 미국은 전 세계에 배치되어 있던 전술핵을 제거하기 시작했다. 이때 남한에 있는 전술핵 등을 제거하는 대신 북핵을 해결하겠다는 방법을 생각해낸 것이다.'

미국이 북한의 본질을 간과한 것인지 한국이 일시적인 성과에 급급했기 때문인지 앞에서 언급했던 이승만의 말처럼 "북한하고 얘기해 봤자 쓸모가 없다."

남북한의 기본적인 구도는 지금까지도 변하지 않고 있다.

부친으로부터 물려받은 '솔직함'을 보여준 김정은

2018년 4월 27일 남북 정상회담에서 문재인은 김정은과 장시간 회담을 한 뒤 만찬을 즐기고 단둘이 산책까지 했다. 문재인은 김정은의 인상을 "솔직담백하고 예의 바르다"고 회고했다.

3일 후인 4월 30일 청와대에서 열린 수석 보좌관회의에서 문재인은 판문점 도보다리에서의 회담을 그리워하듯 이렇게 말했다.

"조용하고 새가 지저귀는 그 광경이 정말 좋았다."

마음이 훈훈한 한때를 보냈던 기억이 떠올랐을 것이다. 김정은은 어린 시절 자신을 친자식처럼 아껴주던 고모부를 고사포로 무참히 죽이고 이복형을 신경가스로 죽인 것으로 알려진 인물이다.

문재인이 만난 김정은은 '냉면'을 곁들이며 농담까지 해 보였다. 어느 쪽이 진짜 김정은인가. 영상을 본 많은 사람들이 혼란해 하지는 않았을까.

그러나 과거 정상회담에서도 북한 지도자들은 똑같은 방식의 '솔직함'을 연출했다.

2000년 6월 13일 처음으로 평양을 방문한 한국의 김대중 대통령에게 김정일은 예의를 갖추었다. 공항에서 숙소로 향하는 도로가에는 50만 명이 넘는 군중이 붉은 꽃다발을 흔들며 환영했다. 순안공항에서 숙소로 향하는 승용차 안에서 김정일은 김대중에게 이렇게 말했다고 한다.

"저 사람들은 모두 자발적으로 대통령을 환영하기 위해 나왔습니다."

1948년 건국 후, 처음으로 한국 대통령이 평양을 방문한 것은 6월 12일에 시작될 예정이었지만, 어째서인지 하루가 늦춰졌다. 청와대는 북한의 기술적 문제로 하루 연기하기로 했다고 발표했지만 사실 한국 정부가 지불하기로 약속한 돈의 일부가 김정일 비밀 계좌로 입금되지 않았기 때문이었다.

2000년 남북 정상회담을 뒤에서 지원한 국가정보원 간부는 "북한에서 '약속한 돈을 보내지 않으면 정상회담은 없다'는 전문이 왔다"고 증언했다. 김대중 퇴임 후에 이 의혹을 조사한 한국 특별검찰 수사 기록에 따르면 '김대중 정권은 현대그룹을 내세워 회담에 앞서 마카오에 있는 김정일 비밀 계좌에 4차례 나누어 송금을 했지만 4억 5천만 달러 중 일부가 기재 오류로 기일 내에 입금되지 않았다.'

송금이 완료된 것은 방문 예정일이었던 12일이었다. 그러나 정작 김정일을 만난 한국 방문단은 김정일의 '솔직함'에 놀랐다.

숙소에 도착한 뒤 마중까지 나와주셔서 감사하다는 뜻을 전하자 김정일은 김대중에게 "기본적인 예의지요! 내가 대단한 존재도 아니고…" 그리고 다음 날 회담을 거론하며, "간부들이 제가 내일 여기에 오는 것을 반대하면 새총으로 신호등을 부셔버리고라도 오겠다고 했다."

나중에 판명된 것이지만 김정일의 농담은 물론 계산된 것이었다. 한국에서 막대한 현금을 받고 현대그룹에 특혜를 주어 투자를 유도하면서 뒤로는 핵개발에 박차를 가한 사실도 뒤늦게 드러났다.

귀국 후 김대중은 김정일에 대해 "스케일이 크고 솔직하고, 식견이 있는 사람이었다."라고 평가했다. 그리고 한술 더 떠서 "북한은 핵을 개발한 적도 없고 개발할 능력도 없다. 우리가 북한에 지원한 돈이 핵개발에 이용됐다는 말은

근거 없는 유언비어다. 김정일이 핵을 개발했다면 내가 책임지겠다"고 말한 것으로 알려졌다.

  이 발언은 공식 기록에는 남아 있지 않지만 동아일보와 조선일보 등에서 소개되어 널리 알려졌다.

  김정은의 '솔직하고 예의 바른' 행태가 아버지, 김정일의 대물림이라면 남북 정상회담에서 보여준 부드러운 언행은 계산된 것이라 할 수 있다. 문재인이 그것을 알면서도 김정은을 칭찬했다면 이 회담은 세계를 속인 회담으로 역사에 길이 남을 것이다.

판문점 선언은 '비핵화'없는 선언

　문재인과 김정은은 정상회담을 마친 후 자랑스레 전 세계를 향해 '판문점 선언'을 발표했다. 그런데 선언문에는 최대의 초점인 '비핵화'에 관한 언급은 불과 3줄 밖에 없었다. 13개 항의 합의문 대부분은 '남북 관계 개선' '종전 선언' '평화 구축'에 대해 언급하고 있었다.

　2007년 10월에 있었던 남북 정상회담도 그랬다. 약 4시간에 걸친 노무현과 김정일의 '정상회담 기록'을 읽어보면 핵문제는 뒤로 제쳐두고 경제협력과 남북 '공동번영'에 중점을 두었던 것을 알 수 있다. 기록 중에는 이런 구절이 있었다.

노무현: "저는 경제관계는 아주 중요한 문제라고 생각하고 있습니다. 지금 일본이 100억 달러로 일-북의 과거사를 정리하겠다는 뜻을 표명하고 있습니다만 우리는 내년에도 남

북협력 예산을 1조 3천억 원으로 생각하고 있습니다. 돈 이 야기를 해서 죄송합니다."
김정일, "괜찮습니다."

노무현은 철도사업을 비롯한 에너지, 농업, 의료, 경제 개발 특구 투자에 대해서 끊임없이 말했다.

두 사람이 회담을 가진 당시에는 북한의 핵문제가 해결될 것인지, 원점으로 되돌아갈 것인지 중대한 기로에 서 있었으나 노무현의 관심은 남북 경제협력 사업에 있었다.

반면 노무현과는 대조적으로 김정일의 관심은 '긴장완화'에 있었다. 김정일은 이렇게 말했다.

"오늘 노 대통령이 방문해 주어 민족 공동번영을 실현시킬 수 있는 계기를 세계에 보여주었습니다. (중략) 하지만 저는 군사적 적대관계 해소가 더 중요하다고 생각합니다."

그 날 김정일은 한반도 핵문제를 협의한 6자회담을 마치고 귀국한 북한측 수석대표인 김계관을 회담장 밖에 대기시키고 있었다.

2005년 9월, 6자회담 공동성명에서 북한은 일체의 핵무기와 현재 보유하고 있는 핵 계획을 포기하고, 핵확산금지조약(NPT)에 복귀, 국제원자력기구(IAEA)의 사찰 수락을 약속했다.

그러나 이듬해 북한은 탄도 미사일을 발사, 제1차 핵실험을 강행했다. 이러한 사태를 해결하기 위해 2007년 9월 말부터 열린 6자회담에서 북한은 모든 핵 프로그램에 대해 완전하고 정확한 신고를 하기로 합의했다. 합의에는 미국의 대북 테러지원국 해제 등 미-북이 완전한 외교관계를 지향하는 사항도 포함되어 있었다. 그러나 노무현과 김정일 앞에서 김계관은 이렇게 말했다.

"(우리는) 핵물질이 어떻게 무기화 되었는지에 대한 상황은 신고하지 않았습니다. 왜냐하면 미국과 우리는 전쟁상태에 있기 때문입니다. 적에게 무기상황을 신고하는 나라가 어디 있습니까."

그리고 농축우라늄은 신고품목에서 제외시킨 것에 대해

서도 설명했다. 발언의 중대성에 눈치를 채지 못 한 것인지 노무현은 오히려 김계관을 칭찬했다.
"수고하셨습니다. 현명했구요. 잘 했어요."

김정일은 냉정했다. 북한의 주장을 관철하고 미국과의 긴장관계를 해소하기 위해서는 휴전 상태인 한국전쟁의 '종전 선언'이 필요하다고 생각했을 것이다.
"최근 부시 대통령이 종전 선언을 언급했다는 소리가 들리던데 그게 사실이라면 아주 의미가 있습니다."
김정일은 자신들의 비핵화는 뒤로 미루고 종전 선언을 먼저 할 생각이었다. 종전이 되면 한국에 미군이 주둔할 이유가 없어진다.

2007년 남북회담에서 11년 뒤에 발표된 2018년 4월 판문점 선언은 핵문제 해결에 대한 구체적인 로드맵은 언급하지 않고 '종전(終戰)'만은 연내에 실현하겠다고 밝힌 것이다.

북한을 '주적'이라고 분명히 말하지 못하는 문재인

2018년 4월 남북 정상회담 후, 여론조사기관인 코리아리서치가 실시한 전화조사에 따르면 한국 국민의 77.5%가 김정은을 '신뢰할 수 있는 사람'이라고 답했다고 한다.

야당인 자유한국당 홍준표 전 대표는 5월 2일 지방선거 유세에서 "세상이 미쳐 버렸다. 포악한 독재자가 한 번 웃은 것만으로 신뢰도가 77%까지 올랐다. 차기 대통령은 김정은이 될 수도 있다"며 여론의 급선회를 한탄했다.

'판문점 선언'에 대해서는 "하지도 못한 북핵 폐기를 마치 이미 해 버린 것처럼 선동하고 있다"고 비판하면서 좌파 정권에서 열린 세 번째 남북 정상회담에 대해 "한 번 속으면 속인 쪽이 나쁘고 두 번 속으면 속은 쪽이 나쁘지만, 세 번 속으면 공범(共犯)이다"라고 맹비난했다.

그는 문재인이 대통령 후보 시절부터 그의 대북 자세를

문제 삼아왔다.

2017년 4월 23일, 제1회 TV토론에서 상대 후보로 나선 홍준표는 문재인의 북한관을 이렇게 추궁했다.

홍 "2006년 10월 일심회 간첩단 사건이 있었습니다. 기억하시겠죠."('일심회'라고 칭하는 단체가 중국에서 북한공작원과 접촉해 국가기밀을 넘겨준 이 사건은 많은 구속자를 만들고 배후의 인물로 지목된 장민호는 국가보안법 위반으로 징역 7년의 판결을 받았다). 이들 단체로부터 수십만 장에 이르는 정보가 북으로 건너갔습니다. 그런데 노무현 대통령이 수사를 그만두라고 지시를 내렸으며 국가정보원 원장인 김승규를 해고했습니다. 문 후보는 당시 대통령 비서실장이었죠. 설명해 주시겠습니까?"

홍준표에 의하면 당시 국가정보원은 '일심회' 외에 6개 단체를 조사하고자 했지만 문재인과 가까운 좌파집단인 '386운동권(1960년대 생으로 1980년대에 대학을 다닌 사람들)' 출신들이 많이 관련되어 있었다. 험악한 표정으로 홍준표의 이야기를 들은 문재인은 단호하게 말했다.

문 "사실도 아니고, 노무현 대통령은 검찰 수사에 관여하거나 통제한 적이 없습니다."

홍 "검찰 아닌 국정원이 수사해 검찰에 송치한 사건입니다."

문 "가짜 뉴스입니다."
홍 "아니오, (당시의) 버시바우 주한 미 대사의 보고서에 또렷하게 적혀 있습니다."

　내부고발 사이트인 「위키리크스」가 폭로한 미 외교 전문(電文)에 의하면, 버시바우는 수사 도중 국정원장이 돌연 사퇴한 배경을 청와대 내부 회의에서 노 대통령이 사퇴를 요구했다고(국정원에서) 들었다고 보고했다.

　두 번째 TV토론에서도 문재인의 '대북관'이 화두로 떠올랐다. 야당인 바른미래당의 후보 유승민으로부터 북한은 우리의 주적이냐는 질문을 받았고 문재인은 끝내 대답을 하지 못했다.
문 "아~, 그런 규정은 대통령이 할 일이 아니라고 생각합니다."
유 "아직 대통령이 되지 않았는데요(답변해 주세요)."
문 "그렇게 강요하지 마세요."
유 "「국방백서」와 같은 공식문서에는 북한군을 '주적(主敵)'이라 규정하고 있는데 국군통수권자가 되려는 분이 말하지 못한다면 어떻게 합니까. 말할 수 없는 거겠죠."

　문재인의 이런 '대북관'의 뿌리는 무엇인지, 명확하게 설명할 수 있는 사람은 거의 없다.

"(부모가) 북한 출신이니까." "남북의 대결 상태를 끝내고 싶으니까"라고 설명하는 경우도 있다.

"한국 내에서 정치투쟁에 이용하기 위해"라고 비판하는 세력도 있다. 그동안 열세를 보였던 좌파세력에게는 보수세력을 무너뜨리기 위한 우군이 필요했다. 그것이 북한이 아닐까.

북한의 체제보장을 위해 미국과의 중재에 나서겠다

세계 언론이 생중계하는 등 화려했던 2018년 4월 27일 남북 정상회담과는 다르게 5월 26일 문재인 정권의 두 번째 남북 정상회담은 조용히 열렸다.

미국 대통령인 트럼프와 김정은의 사상 첫 미북 정상회담을 앞두고 양국이 개최 여부를 놓고 신경전을 벌이고 있던 때였다.

이틀 전인 5월 24일 북한 외무성은 갑자기 김계관 제1외무차관의 담화 형식을 빌려 "미국이 일방적 핵 포기를 강요하는 대화에는 흥미도 없다. 정상회담에 응할지 여부를 재고하겠다"라고 밝혔다.

이에 대해 트럼프는 "담화문에서 보여준 분노와 적대감으로 볼 때 회담을 하는 것이 적절치 않다고 생각한다"며 회담을 중단한다고 선언했다.

트럼프의 '회담 중단' 선언에 당황한 김정은이 문재인에게 "만나고 싶다"고 요청해 온 것은 5월 26일 오전 3시경으로 알려졌다.

"이야기가 나오고 12시간 후에 두 정상의 회담은 실현되었다(청와대)."

회담이 열린 것은 26일 오후 3시, 군사분계선이 있는 판문점 북측 시설인 '통일각'이었다.

정부의 움직임을 일일이 체크하는 「연합뉴스」에서 조차 이 사실을 알게 된 것은 회담이 종료된 지 2시간이 지난 뒤였다. 김정은이 CVID〈조지 부시 미 행정부 1기 때 수립된 북핵 해결의 원칙으로, 완전하고 검증가능하며 불가역적인(혹은 돌이킬 수 없는) 핵폐기를 의미한다. 편집자 주〉를 약속했느냐는 기자의 질문에 문재인은 이렇게 대답했다.

"내가 앞서 언급하는 것은 적절하지 않다. 다만 김 위원장은 비핵화 의사를 확고히 했다. 김 위원장은 '우리들이 비핵화를 한다면 미국은 체제를 보장해 준다고 하는데 신뢰할 수 있겠느냐'고 물었다."

북한은 미국이 "'약속'을 지켜줄까 걱정하고 있다"고 설명한 것이다.

문재인은 "나는 북한의 체제 보장을 위해 미국과의 중재에 나설 작정이다."(5월 28일자 「조선일보」)라고 발언했다.

애초에 이번 미북 정상회담을 중재한 것도 문제이다. 2018년 3월 9일 문 정권의 특사로 백악관을 방문한 정의용 청와대 국가안보실장은 트럼프에게 "김정은에게는 비핵화 의지가 있고 추가 핵미사일 실험을 하지 않겠다고 약속했다. 또 한미가 통상적인 군사훈련을 계속하는 것도 이해한다고 말했다"고 전해, 미북 정상회담 개최라는 결과를 이끌어냈다.

TV화면으로 회견을 봤다는 정치평론가 황장수 씨는 다음과 같이 말했다.

"문 대통령의 말과 표정에서 김정은과 북한을 걱정하는 마음이 느껴졌다. 과거에 운동권(1980년대 민주화 시위에 참가, 그 후 시민단체에서 활동하는 사람들을 일컫는 말)이었던 대학생들이 마음에 품고 있었던 정열도 묻어나 있었다."

황장수가 대학을 다니던 1980년대에 북한에서는 '제13차 세계청년학생축전'이 열렸다. 당시에 평양에서 열렸던 '제13차 세계청년학생축전'에 참가한 학생들은 외쳤다.

"우리는 군사독재에 맞서 시위를 벌였다. '햇볕이여, 넘쳐라, 평양의 하늘로'로 시작되는 축전의 노래를 열창했다. 우리는 한국 정부에 대해 증오와 적의를 드러내면서도 북한 체제에는 동경을 가지고 있었다. 지금 청와대는 그 시대 학생 운동권들(소위 586)에게 점령당해 있다."

한국의 보수우파들은 이렇게 한탄한다.
"북한보다도 한국이 더 걱정이다."

아직도 계속되는 문재인의 사상을 둘러싼 논쟁

　2차 남북 정상회담이 열린 후, 정확히 2개월 뒤인 2018년 7월 26일. 서울중앙지방법원은 "문재인은 모습을 바꾼 공산주의자다"라고 과거에 발언한 공안검사 출신인 고영주 방송문화진흥회 이사장의 공판 결심(結審) 판결을 선고했다.

　검찰은 고 이사장이 허위 사실을 유포해 고소인(문재인)의 명예를 훼손했다며 징역 1년 6월을 구형했다.

　문제의 발언이 나온 것은 2013년 1월 한 보수단체 모임에서 고영주는 "문재인은 모습을 바꾼 공산주의자다. 그가 대통령이 되면 한국이 적화(북한화)되는 것은 시간문제라고 확신한다"고 말했다.

　"내가 고소인을 공산주의자라고 확신하게 된 데는 상당한 이유가 있다"며 이같이 덧붙였다.

"저는 28년간 검사 생활 대부분을 (국가의 안보, 북한 관련 수사 사건 처리 등)공안 업무에 종사했습니다. (중략) 검찰은 본인이 고소인을 공산주의자라고 지칭했다고 허위 사실을 유포했다고 판단한 것 같은데 이는 나의 공안 수사 경력을 통째로 무시하는 것으로 결코 합리적인 판단이라고 할 수 없습니다. 지금은 보복을 두려워해 그런 말을 하는 사람이 적지만 많은 사람들이 저와 같은 생각을 갖고 있다고 생각합니다."

이렇게 문재인의 사상을 둘러싼 논란은 계속되고 있지만 문재인은 전혀 개의치 않았다.

2018년 8월 6일, 문재인은 청와대의 추가 인사를 발표했는데 취임 초와 마찬가지로 대부분 운동권 시민단체 출신이었다.

한국 언론에 의하면 청와대 비서실장과 정책실, 안보실의 비서관급 이상의 참모 64명 중, 3분의 1이상인 23명은 1997년 대법원에서 반국가 단체로 지정된 전국대학생대표자협의회(전대협)의 출신이다. 전대협 의장 출신인 임종석 대통령 비서실장이 관할하는 비서관급 이상 31명 중 학생운동 출신자는 19명으로 60%에 달한다.

미국의 싱크탱크인 전략국제문제연구소(CSIS) 퍼시픽포럼의 아시아 전문가 타라오는 방송에서 이렇게 말했다.

"청와대에 포진한 인사들이 '주체사상'(김일성주의)으로부터 전향했다거나 공개적으로 과거를 반성했다는 이야기는 들어본 적이 없다. 문 대통령의 대북정책은 주체혁명 실현이 아니냐는 합리적 우려가 있다."

문재인은 2018년 9월 18일 취임 후 가장 먼저 찾겠다고 공언했던 평양에 3차 남북 정상회담을 위해 갔다. 평양국제공항에 내린 문재인은 동원된 많은 인민들의 환호 속에서 마중 나온 김정은과 약 4개월 만에 얼싸안았다.

제2장 |
문재인은 북한의 붕괴를 바라지 않는다

대통령 전용기에 실린 동백나무

2017년 7월 7~8일 이틀동안 독일에서 열린 20개국(G20) 정상회의에 참석하기 위한 대통령 전용기에는 한 그루의 동백나무가 실려 있었다.

이 동백나무는 경남 통영시에서 가져왔다. '높이는 120센티미터, 외래종이 아닌 것이 필요하다'며 청와대에서 통영시청으로 전화를 건 것은 7월 3일. '대외비(対外秘)'로 해달라는 주문도 있었다고 한다.

"용도를 말하지 않고 급하게 구해줬으면 좋겠다고 했기에 어디에서 무엇에 사용되는지 몰랐다."(통영시 공원녹지과장)

문재인과 부인인 김정숙은 통영에서 가까스로 찾아낸 세 그루의 동백나무 중 한 그루를 골라 전용기에 실었다.

7월 5일, 독일의 베를린에 도착한 김정숙은 가장 먼저 베를린 시내의 공원에 있는 남한 출신 음악가인 윤이상의 무덤을 찾아가 동백나무를 심었다.

기념수 앞에는 붉은 화강암에 노란색 글씨로 '대한민국 통영시의 동백나무 2017. 7. 5 대통령 문재인 김정숙'이라고 새겨진 석판을 놓았다.

윤이상은 경남 통영 출신 작곡가이다. 1957년 베를린 예술대학에 유학, 1977년부터 이 대학 교수로 취임하여 〈광주여 영원히〉와 일본 산토리홀 개관 기념공연 위촉 작품 '교향곡 제4번 〈암흑속에서 노래〉' 등으로 그 명성을 세계에 떨쳤다.

그러나 윤이상은 1963년 이후 북한의 국가 주석 김일성

김일성과 윤이상 부부

과 친분을 맺은 뒤 1967년 6월에는 북한의 공작에 가담했다는 이유로 중앙정보부(KCIA)에 납치되어 서울에 송환되었다. 고문을 당한 끝에 사형을 선고 받았지만 카라얀 등 유명 음악가들이 청원 운동을 전개하여 1969년 특별사면을 받고 독일로 돌아갔다. 이후 한국 땅을 밟지 못하고 1995년에 사망했다.

윤이상은 '민족을 향한 사랑과 화합, 화해를 추구한 세계적인 음악가(통영국제음악제재단)'라는 평가가 있기도 하지만 '북한의 정치노선에 동조해 북한을 위해 활동했다'는 비판도 끊이지 않는다.

중앙정보부의 수사 보고서에 의하면 윤이상은 독일 체류 중 17회 북한을 오갔다. 김일성의 75번째 생일에는 〈우리 국토 우리 민족〉이라는 노래를 바쳤다. 중앙정보부는 "음악가의 탈을 쓴 북한 '문화공작원'"이라고 결론지었다.

1967년 '동 베를린 사건'은 구(舊) 동독의 북한 대사관 공작원과 접촉했다며 윤이상 외에 194명이 체포되었는데 노무현 정권(참여정부) 시절인 2005년에 재조사가 이루어졌다. 이듬해 1월에 "'동 베를린 사건'은 박정희 정부가 정치 목적으로 기획된 것이지만 그렇다고 날조된 것은 아니라고 결론지었다. 다만 피의자에게는 무리한 간첩죄 적용이 있었다"고 발표했다.

결국 윤이상은 '간첩이 아니다'라고는 했지만 사건의 배경이나 사실관계를 살펴보면 친북정권에서도 일부 인정을 한 것이다.

실제로 윤이상은 같은 고향 출신인 가족일가((一家)를 북한으로 유인(誘因)하는 공작에 가담한 혐의도 받고 있다. 윤이상은 강하게 부인했지만 중앙정보부 보고서에 의하면 독일에서 경제학 박사학위를 취득한 오길남에게 "윤이상을 포함한 세 명의 공작조가 접근하여, '북으로 가면 경제학자로서 교수자리가 있다'라고 회유했다"고 한다.

오길남은 아내의 반대에도 불구하고 1985년 아내(통영 출신)와 딸을 데리고 북한에 들어갔다. 하지만 약속과 다르다는 사실을 깨닫고 이듬해 11월 코펜하겐에서 아내를 북에 남겨둔 채 탈출에 성공했다.

이후 독일에서 윤이상에게 가족 구출을 도와달라고 간청했으나 윤이상은 오길남의 부인의 육성 테이프를 들려주며 오 씨를 오히려 북한으로 돌아갈 것을 종용했다고 한다. 신숙자(오길남의 처, 국내에서는 통영의 딸이라 말함)와 딸은 국제인권단체 국제사면위원회(엠네스티)의 구출 대상이 되었지만 행방은 지금까지도 묘연하다.

그런 윤이상을 김일성은 '조국통일을 실현시키기 위해

활동하는 애국지사(『김일성 교시집』)'라고 칭송했다.

윤이상의 무덤에 고향을 상징하는 동백나무를 심은 문재인 대통령의 부인 김정숙은 이렇게 말했다고 한다.

"선생은 통영 근처 바다까지 왔다가 막상 고향 땅은 밟지 못했다는 이야기를 듣고 많이 울었어요. (중략) 그래서 조국 독립과 민주화를 염원한 선생을 위해 동백나무를 가져왔어요."

한국과 마찬가지로 분단국가였던 독일은 베를린이 서쪽과 동쪽이 대치한 도시였다. 다음에 다시 언급하겠지만 그 베를린에서 문재인은 북한과 화합을 맺을 수 있는 '베를린 구상'을 제안했다.

독일은 한국이 가난했던 1950~60년대 당시 노동자 신분으로 건너간 한국의 광부와 간호사들 무덤도 있었건만 문재인이 그들에 대해 언급했다는 이야기는 안타깝게도 들리지 않았다.

공산주의 사건을 변호했던 과거

독일에서 열린 G20 정상회의를 마치고 한국으로 돌아간 문재인에게 '기쁜뉴스'가 기다리고 있었다.

4년 전에 "문재인은 공산주의자"라고 발언한 검사 출신이며 방송문화진흥회 이사장인 고영주를 명예훼손 혐의로 수사하겠다고 검찰이 밝힌 것이다.

이미 앞에서도 언급했듯이 고영주는 박근혜가 승리를 거둔 2012년 대선 직후인 2013년 1월에 한 시민단체 강연회에서 다음과 같이 말했다.

"문재인이 대통령이 되면 한국이 적화되는 것은 시간문제라고 확신한다. 이것은 허구가 아니라 실제로 일어날 수 있는 일이다. 문재인은 모습을 바꾼 공산주의자다. (문재인이 낙선한 건) 우리나라에 아직 국운이 남아 있기 때문이다."

이 발언을 한 지 2년 8개월이 지난 2015년 9월, 문재인은 '명예훼손'으로 고영주를 고소했지만 대통령으로 당선되기 전까지 검찰은 아무 것도 하지 않았다. 그러나 고소 다음 달에 있었던 국회 정기 국정감사에서 문재인이 대표를 맡은 새정치민주연합(현재의 '더불어민주당') 소속 국회의원들이 고영주의 발언에 집중 포화를 퍼부었다.

의원 "(2012년)대통령 선거에서 문재인 후보를 지지하는 국민도 공산주의자 또는 그 사상의 동조자인가?"

고 "저는 공안검찰 출신이다. 국민이 알지 못하는 것을 먼저 알게 된 것도 많다. 대다수의 국민들은 북한의 대남 전략이 어떤 것인지 잘 모른다."

의원 "그렇다면, 알면서도 투표한 사람은 공산주의자인가?"

고 "그렇다. 알면서도 투표를 했다면 공산주의에 동조했다고 할 수 있다."

추궁은 고영주의 과거 발언에도 문제를 삼기 시작했다.

의원 "사법부가 좌경화 된다고 말했는데 근거는 무엇인가?"

고 "2002년에 나는 사법시험 3차 시험관으로 참여했는데 수험생들에게 '한반도의 국가 정통성은 어디에 있는가?'라고 질문했더니 10명 중 8명이 '북한에 있다'고 대답했었다."

고영주는 이때 어안이 벙벙해져 그 근거는 뭐냐고 수험생들에게 물었다. 수험생들은 "한국의 건국 세력은 친일파였기 때문"이라고 답했다고 한다. 이는 북한의 주장에 동조하는 것이다.

의원 "당신은 '김일성은 1964년 대남공작 부문의 사람들을 향해 남조선의 총명한 젊은이들은 시위에 나오게 하지 말고, (사법시험)공부를 시켜서 사법부에 침투시키라고 지시했다'고 말하고 있다."
고: "그건 누구나 다 아는 사실이다."
의원 "그렇다면, 우리 사법부에 '김일성 장학생'이 있다는 뜻인가."
고 "그렇다. 북한 체제에서 김일성의 지시가 이행되지 않았을 리가 없다."

악연인지, 인연인지는 몰라도 사실 고영주와 문재인의 인연은 35년 이전으로 거슬러 올라간다.
1981년 부산에서 사회과학계 독서대회를 열던 대학생들과 교사들 22명이 "반국가 단체를 칭찬했다"며 영장없이 체포·구속한 '부림사건'이 있었다. 이때 피고를 변호한 것이 나중에 대통령이 된 노무현 변호사, 수사를 담당한 것이 부산지검 검사였던 고영주였다. 당시 신참 변호사였던 문재인은 이후 재심 사건을 담당했다.

　1970년대 말부터 부산 지역 서점 관계자와 학생들이 모여 체제비판 의식을 고양시키기 위한 사회과학 서적을 읽고 토론하는 모임이 있었다.

　일부 피고는 그후 2014년 2월 재심에서 무죄가 확정되었지만 판결에 불만을 품은 고영주는 다음과 같이 단언했다.

　"부림사건은 민주화운동도 무엇도 아니다. 공산주의 사건이다. 이것을 노무현과 문재인은 알고 있었을 것이다."

　부림사건 피의자 중 한 명은 이렇게 말했다고 한다.
　"언젠가 역사가 바뀌어 공산주의 사회가 실현된다면 우리들은 검사인 당신을 심판할 것이다."

　노무현 정권을 짊어진 핵심은 대부분 부림사건 관련자들이라고 한다.

나이까지 속여 '이산가족 자격'으로 방북

박근혜 대통령(당시)에 대한 탄핵 결의안이 국회를 통과한 2016년 12월. 중앙일보는 유력 후보들을 인터뷰하기 시작했다. 제1편은 문재인이었다.
기자 "당신이 대통령으로 당선되었다고 하자. 그리고 지금 북한으로도 갈 수 있고 미국으로도 갈 수 있다면 어디를 가장 먼저 갈 생각인가?"
문 "주저 않고 말하고 싶다. 나는 먼저 북한에 갈 것이다. 다만 사전에 그 타당성을 미국과 일본, 그리고 중국에 충분히 설명할 생각이다."

문재인의 이 발언에 보수 진영은 크게 반발했다. 과거 좌파에서 보수로 돌아선 김문수 전 경기지사는 "국가의 위기 상황에서 친북적인 발언은 자제해야 하는 것이 아니냐"며 문재인을 비판했다.

2004년 7월 11일 당시 노무현 대통령의 사회문화수석 비서관이었던 문재인은 2박3일간 북한을 방문했다. 공식업무가 아닌 이산가족의 자격으로 북한에 있는 막내이모 강병옥을 만나기 위해서였다.

한반도에는 1950년에 발발한 한국전쟁으로 인해 남북으로 갈리고 생사조차 모르는 이산가족이 있다. 2005년 조사에서는 전체 인구의 1.5%, 한국에만 71만 명이 있었다. 그 중에서 부모가 아직 북한에 남아 있는 사람은 4만8천 명, 자식이 북쪽에 있는 사람은 7천 명, 남편 또는 아내와 별거하고 있는 사람도 4천 명, 나머지는 친척들이다.

신혼 첫날밤 전쟁이 일어나자 남편과 생이별하고 서로의 생사도 모르고 지낸 부부도 있다.

문재인의 부모도 1950년 12월, 한국전쟁 중에 친척 대부분을 북한에 남겨둔 채 함경남도 흥남(현재의 함흥시 흥남구)에서 미군의 무기 수송 화물선을 타고 남한으로 탈출한 이산가족이다.

"피난할 때 부모님은 2~3주 후에는 되돌아갈 생각이었기 때문에 아무것도 챙기지 못하고 피난길에 올랐다. 친할아버지의 형제는 6명인데 모두 북한에 남았다. 외가의 친족도 마찬가지다."(『대한민국이 묻고, 문재인이 대답한다』에서)

그리고 2년 후인 1953년 1월 24일, 문재인은 피난처인 경상남도 거제에서 태어났다.

북한은 이산가족의 상봉과 서신교환 요구는 들어주지 않고 기분이 내킬 때만 한 번에 100명을 엄선(嚴選)하여, 지금까지 20회 정도 남쪽에 있는 가족을 만나게 해 주었다. 이산가족들 중 상당수가 고령이어서 점점 사망자가 늘어나 이산가족 만남은 남북 모두 고령자 위주로 선정했다.

그런데 2004년, 북한이 제시한 '생사 확인 후보자 명부'에는 55세(당시)인 강병옥이 포함되어 있었다. 한국전쟁이 끝난 후 현재까지 이산가족 상봉에 선정된 북한의 약 2천 명 중 60세 미만은 둘 뿐이었다.

강 씨는 한국에 있는 언니 강한옥(79세)과 문재인(74세)을 찾고 있었다. 확인 결과 강병옥이 찾던 74세 문재인은 바로 노무현 정권의 현직 사회문화수석 비서관인 것으로 나타났다.

그러나 문재인은 당시 51세였다. 야당은 문재인이 나이를 속여서 막내이모와 만나려 한 것이 아니냐며 반발했다.

청와대는 "북측의 단순한 실수다. 처음에는 무언가 잘못된 줄 알았는데 문 수석임을 확인했다"고 해명했다.

2012년 대통령 선거에서 새누리당 측은 이산가족 자격으로 문재인이 방북한 것에 대해 이렇게 의혹을 제기했다.

"문 후보(당시)가 태어났다는 사실조차 몰라야 하는 막내이모가 상봉을 요청했다는 사실을 어떻게 해석해야 하는가?

북한이 대통령 측근인 문 수석에 대한 자료를 조사하고, 문 수석에게 접근할 방법으로 이산가족 상봉을 추진한 것이 아닌가."

보수 측은 문재인이 북한에서 사흘 동안 무엇을 하고 있었는지에 대한 해명을 강력히 요구했으나 문재인은 침묵으로 일관했다.

베트남전쟁에서 미국의 패배를 보고 '희열을 느꼈다'

한국전쟁은 문재인 가족의 운명을 바꾸었다. 문재인 일가가 북한의 흥남부두에서 피난길에 오른 것은 1950년 12월 23일이었다.

그해 겨울은 미군에게도 가혹했다. 6·25전쟁 발발 이후, 반격에 나선 미군은 패주(敗走)를 계속하는 김일성을 북-중 국경에 가까운 북한의 임시수도 강계로 몰아넣었다. 그런데 북쪽을 향해 진군하는 미군 제1해병 사단은 강계(江界)에 이어지는 장진호 부근에서 중국 인민 지원군(중국군) 7개 사단 12만 명이나 되는 엄청난 병력에 포위되었다.

미국전쟁 역사상 가장 참혹한 전투로 기록된 이 '장진호 전투'에서 미군은 3,600명이 넘는 사상자를 내고 간신히 중국군의 포위망을 돌파하여 흥남에 도착했다. 흥남에는 남쪽으로 향하려는 피난민들로 북새통을 이루었다. "당시 흥남 일대에는 미군이 원자폭탄을 투하한다는 유언비어가 퍼져 있었다. 하여 서둘러 피난길에 오른 사람들도 있었다(한국정부 전직 고관의 증언)." 미군은 화물선에 실려 있던 무기를 버리고, 흥남 부두로 밀려오는 피난민들을 태우고, 철수작전을 감행했다.

배 위에서 문재인 일가는 크리스마스를 맞이했다. 미군은 사탕을 한 알씩 나눠주며 불안과 추위에 떠는 피난민을 위로했다고 한다.

문재인 일가는 그때까지 대대로 북한의 함경남도 북부지역인 흥남에서 생활했다. 문재인의 아버지 문용형(1920년생)은 함흥시의 함흥농업고등학교를 졸업, 흥남시청(현재의 함흥시 흥남구역)에서 농업담당 과장으로 일했다.

농업계장 시절 문용형은 공산당 가입을 강요받았으나 끝내 거부한 것으로 알려졌다.

피난 후 문용형은 거제도 포로수용소에서 노동자로 일했고 문재인의 어머니는 계란판매 행상을 했다. 문재인의 어릴 적 추억은 대부분 가난에 얽힌 이야기다.

어린시절 문재인은 내향적 성격이었던 것 같다. "책을 읽을 때가 가장 행복했다. 내가 독서를 좋아하게 된 것은 아버지의 영향 때문일지도 모르겠다"라고 문재인은 과거를 되돌아보곤 했다. 자서전에서 문재인은 아버지에 대해 이

월남 패망으로 인한 보트피플들(1975년)

렇게 회상했다.

"아버지와의 추억은 많지 않다. 말수가 적은 아버지와는 거의 대화를 하지 않았다. 가끔 하시는 말씀을 듣노라면 아버지는 사회비판에 적극적이셨다. 한일회담(일본과 한국의 국교정상화를 목표로 한 회담. 한국전쟁 중인 1951년에 시작되어 1965년에 타결됐다)을 왜 반대해야 하는지 주위의 대학생들에게 설명하는 것을 들은 적이 있다."

문재인은 "나도 모르는 사이에 아버지의 사회비판적인 의식이 나에게 영향을 주었음을 성인이 되고 나서야 깨닫게 되었다"고 말했다.

대학에 입학한 문재인은 당시의 많은 한국의 대학생들처럼 민주화 운동에 열정을 불태웠다.

학생시위의 선두에 섰던 문재인은 1975년 4월에 구속되어 집행유예 징역 8개월을 선고 받은 뒤 8월에 군에 강제로 징집되었다.

후에 문재인은 "대학시절 나의 사회비판의식에 가장 큰 영향을 미친 것은 그때 거의 모든 대학생들이 그랬던 것처럼 (사회평론가) 리영희 선생이었다"고 회고했다.

문재인은 민주화를 열망하는 지식인들의 잡지「창작과 비평」에 실린 리영희의 베트남전쟁에 관한 연재를 열심히 읽었다.

"선생은 누구도 미국의 승리를 믿어 의심치 않던 시기에 미국의 패배와 남베트남의 붕괴를 예고했다. (선생이 쓴 논문의) 글자 행간에서 진실의 승리를 확인하고 나는 기쁨의 전율을 느꼈다."(자서전 「운명」에서)

미국의 패배를 확인하고 기쁨의 전율을 느꼈다는 대목은 대선에서 보수 후보들에게 좋은 공격거리를 제공했다.

2017년 대선에서 그와 싸웠던 보수성향의 후보 홍준표는 "청춘 시대에 그런 책을 읽고 감동을 느꼈다는 것을 문제 삼지는 않는다. 대통령이 되려는 인간이 아직도 그런 생각을 갖고 있는 것이 문제다."라고 비판했다.

우리는 북한의 붕괴를 바라지 않는다

　남에게 좋은 사람으로 보이기 좋아하는 문재인은 2017년 7월 G20정상회의 참석차 방문한 독일의 베를린에서 세계를 놀라게 할 '이벤트'를 준비했다.
　'남북 평화 협력에 기여한 공로'로 노벨평화상을 수상한 김대중이 베를린에서 연설한 것을 모방하여 북한에게 대화를 촉구하는 베를린 구상을 발표했다.
　그런데 발표 이틀 전인 7월 4일, 북한은 이런 문재인을 비웃듯 대륙간탄도미사일(ICBM) 발사 실험을 했다.
　'베를린 구상'은 수정할 수밖에 없었지만, 그럼에도 놀라운 내용이 담겨 있었다.
　"나는 이 자리에서 확실히 말한다"고 힘주어 말했다. "우리는 북한의 붕괴를 바라지 않는다. 어떤 형태의 흡수통일도 추진하지 않고 인위적인 통일도 추구하지 않겠다."

1948년 건국과 함께 제정된 대한민국 헌법은 그 후 9차례 개정했지만 "대한민국의 영토는 한반도와 그 부속도서로 한다"(제3조)는 취지로 이어진다. 즉, 통일은 지상과제라는 것이다.

놀랄 일은 또 있다. "한반도에서 항구적 평화구조를 정착시키기 위해 종전과 함께 관련국들이 참여하는 한반도 평화협정을 체결해야 한다"고 촉구한 것이다.

'평화협정 체결'은 북한과 중국의 주장을 인정하는 것이다. 2016년 2월 중국 외교부장 왕이(王毅)는 "(한반도) 비핵화를 실현하는 것과 한국전쟁 휴전협정을 평화협정으로 전환하는 것을 병행해야 한다"고 말했다.

북한은 평화협정을 맺기 위해선 "외국 군대(주한 미군) 철수, 외국과의 군사 관련 조약 파기"등 6가지 조건을 분명히 추진해야 한다고 주장했다.

평화협정의 함정을 잘 아는 한국의 역대 정권은 신중한 자세로 일관했다. 문재인은 그것을 용감하게 평화협정체결을 '구상'에 담았을 뿐만 아니라 '합의는 정권이 바뀔 때마다 흔들려도 깨져도 안 된다'는 불가역성까지 언급했다.

문 정권은 미군의 최신예 요격시스템인 고고도방어미사일(THAAD)을 놓고도 미국과 부딪쳤다.

박근혜 정부가 사드배치를 결정한 것은 2016년 6월. 당시 제1야당인 더불어 민주당 상임고문이었던 문재인은 "배치는 득보다 실이 더 많다(2016년 7월 13일)"며 반대의사를 분명히 밝혔다.

10월에는 "사드배치를 잠정 중단하고 북핵 폐기를 위한 외교 노력을 다시 시작해야 한다"고 주장했다.

그러나 대통령 취임 후 미국과의 관계 악화를 우려했는지 문재인은 미국 공식 방문에 앞서 고위 인사를 파견해 사드 문제를 한미 정상회담 의제에서 빼달라고 요청했다.

워싱턴에 도착한 문재인은 정상회담에 앞서 6월 28일, 미국 의회를 방문했다. 문재인을 기다리던 공화당의 라이언 하원의장이 "사드에 대해 명확한 입장을 표명해 주었으

김정은이 건조되고 있는 SLBM용 신형 잠수함을 시찰

면 한다"고 요구하자 문재인은 이렇게 말했다.

"혹시라도 한국 신정부가 사드 배치 결정을 뒤집겠다는 의도로 환경영향평가 절차를 밟고 있는 게 아닌가 하는 의구심을 가질수도 있지만 그런 걱정은 안해도 된다."

그러나 일주일 뒤 독일에서 열린 중국 국가주석 시진핑과의 정상회담에서 문재인은 "사드는 국내적으로 정당성을 확보하지 못했기 때문에 환경영향평가 등을 하고 있다. 그동안 북핵 문제에 진전이 있으면 사드 자체가 필요 없게 되는 상황이 올 수도 있다"고 말했다.

황장수 미래경영연구소장은 이렇게 경고한다.
"사드는 한미 동맹의 향방을 가름하는 시금석이다. 사드를 배치하지 못하면 미군은 철수할 수밖에 없다. 그렇게 되면 가장 먼저 외국 자본이 한국에서 빠져나갈 것이다."

7월 28일 청와대는 "환경영향평가를 실시한 뒤, 그 결과를 토대로 (배치)결정하겠다"라고 밝혔다. 이날 밤 늦게 북한은 또다시 ICBM을 발사했다.

좌파세력의 결집체인 '민변'에 소속되다

　대통령 취임 직후, 문재인은 오랫동안 소속되어 있던 좌파성향의 변호사 단체 '민주사회를위한변호사모임(민변)'을 탈퇴했다. 법조인들은 '대통령이 특정 단체 회원으로 남는 것은 서로에게 부담이 되기 때문'이라고 말했다.

　민변은 '민주화' '인권'을 무기로 보수 정권과 줄곧 대척점에서 싸워왔다. 최근에는 2016년 4월 중국 저장성에 있는 북한식당(유경식당)에서 집단으로 한국으로 탈북한 여성 종업원 12명, 남성 1명의 '인권'을 둘러싸고 박근혜 정부(당시)와 대립했다.

　여성들이 입국한 다음 날인 4월 8일, 통일부는 긴급 기자회견을 열고 집단탈북 사실을 발표했다.

　당시 야당이었던 더불어민주당은 6일 후에 촉박하게 다가온 "총선에 이용하려는 목적이다"라고 반발하면서 그동안 북한에 있는 가족들을 배려해 탈북 사실을 공개하지 않았다며 정부를 맹비난했다.

그 해 1월 북한이 4차 핵실험을 실시했기 때문에 박 정권은 남북협력사업인 개성공단 가동 중단을 결정했다. 그리고 그간의 관례를 깨고 탈북 사실을 발표했다. 통일부는 집단 탈북자가 나온 것은 한국의 독자 제재가 효과가 있다는 증거라고 설명했다.

정부의 발표에 대해 북한은 "종업원들은 한국이 유인, 납치한 것이다. 사과하고 송환하라"며 맹렬하게 반발했다.

이 같은 북한의 주장에 민변 소속 변호사와 일부 좌편향 시민단체가 동조했다.

5월 13일, 민변을 비롯한 67개의 시민단체들은 "집단 탈북은 정부가 기획한 것으로 의심된다"며 진상 규명을 촉구하는 기자회견을 열었다.

거기에 더해 민변은 중국 주재 대학교수를 통해 여성들의 가족에게서 위임장을 받아 서울중앙지방법원에 '종업원의 인신 보호 구제 심사'를 청구했다.

민변은 "정말로 자유의사에 따른 탈북인지 확인하기 위해 심리를 공개하고 증인으로 나와야 한다. 탈북이 자유의사가 아니라면 하루라도 빨리 여성들을 북한에 있는 가족의 품으로 돌려보내야 한다"고 주장했다.

대북방송 자유북한방송 대표이자 탈북자인 김성민은

"민변은 위선자 집단이다. 여성들과 함께 한국으로 온 (식당 지배인으로 알려진) 남성도 똑같은 탈북자인데 그들(민변)의 관심 밖에 있었다. 왜? 북한이 남성만을 비난하기 때문이다." 라고 통렬하게 비난했다.

한국의 유력 월간지 기자도 "탈북자들이 중국 등에서 구속되어 북한으로 강제 송환되는 것에 대해서는 한마디도 하지 않은 민변이 탈북자의 권리를 지킨다며 인신 보호를 주장하고 북한에 있는 가족들에게 돌려보내자고 하는 것은 납득이 되지 않는다"고 비난했다.

서울중앙지법은 11월 "종업원들은 이미 보호 시설에서 사회로 나온 상태이기 때문에 구제할 필요는 없다"며 민변 측의 청구를 기각했다.

서울올림픽을 앞둔 1988년 5월 28일 결성된 민변은 주로 '시국사건(공안사건)'을 변호해 왔다. 특히 북한 공작원들에 대한 변호는 민변이 도맡아 했다.

2003년 11월 민변 통일 위원장을 역임한 변호사 중 한명은 TV에 출연해 "1987년 대한항공기 폭파사건의 범인인 김현희는 완전히 날조다. 북의 공작원이 아니라고 우리(민변)는 단정한다"라고 주장했다.

그러나 이 주장은 이듬해 노무현 정권의 재조사에서 '근거 없다'고 판명되었다. 민변은 극좌 정당인 통합진보당에 대해 헌법재판소가 내린 2014년 강제해산 결정을 '사법살인'이라고 비난했다. 북한을 추종하고 내란을 획책했다고 해서 같은 당 소속 국회의원인 이석기가 구속된 것을 민변은 '공안탄압'이라고 주장했다. 문재인도 이 사건으로 인해 민주주의에 흠집이 났다고 했다.

   민변은 노무현, 문재인이라는 두 명의 대통령을 배출했지만 더불어민주당 소속의 정치인들 가운데는 민변 출신 국회의원이 11명이나 된다. 서울시장 박원순, 성남시장(현 경기도지사) 이재명 외에 국회의원들도 많이 있다. 한국 정치를 40년 가까이 취재해 온 베테랑 기자는 필자에게 '민변은 좌파세력의 결집체'라고 단정했다.

변호사 시절 노무현과 의기투합

문재인의 정계입문을 도와 준 사람은 변호사 출신인 전직 대통령 노무현이다. 두 사람의 만남은 1982년부터 시작되었다.

문재인이 사법시험에 합격해 사법연수원 수습을 끝낸 것은 그 해 8월이었고 판사를 지망했지만 이뤄지지 않았다.

사시 합격자가 적었던 당시에는 지망자 전원이 판사 또는 검사로 임용되었지만, 문재인은 학생운동 전력이 문제가 됐다.

문재인은 자서전 『운명』에서 이렇게 회고했다. "판사 임용 면접은 모두 1, 2분으로 끝났지만 나는 30분이나 걸렸다. 질문은 왜 시위를 했느냐. 그것은 언제의 일인가. 뿐이었다." 문재인은 어쩔 수 없이 변호사 개업을 결심했다. '어머니를 돌봐야 했기 때문에 부산으로 돌아가야 했다.'(『운명』 그곳에서 만난 사람이 노무현이다. 두 사람은 바로 의기투합해 변호사 노무현-문재인 합동법률사무소를 오픈했다.

그 무렵 노무현은 두 건의 시국 사건(공안 사건)을 변호하고 있었다. '부림사건'과 '부산 미문화원 방화사건'이었다.

'미문화원 방화사건'으로 인해 도서관에서 공부하고 있던 대학생 한 명이 숨지고 3명이 중경상을 입었다. 주모자는 대학생이었던 문부식이었는데, 노무현은 그들 중 두 피고의 변호를 맡았다. 후에 한국에서 반미운동의 효시가 된 사건이다.

문재인은 당시를 이렇게 회고했다. "부림사건과 미문화원 방화사건 관련자들이 석방되어 각종 단체에 뿌리를 내리고 활동을 시작했다. 좌파들은 거기서부터 기반이 넓어지고, 활동도 생기를 되찾았다."

두 개의 사건을 변호한 뒤 법률사무소에는 학생운동 사건이나 노동사건 의뢰가 부산 외의 다른 지역에서까지 들어왔다.

1985년 부산에서는 재야세력을 총망라하는 '부산민주시민협의회(부민협)'가 결성되었고 노무현과 문재인은 발기인으로 참여했다.

1988년에 민주사회를위한변호사모임(민변)이 결성되자 두 사람은 부산 지역에서 민변의 중심적인 역할을 했다. 이 때부터 문재인은 인권변호사라고 불리게 됐다.

그러나 2017년 대통령 선거에서 문재인의 '인권 감각'이 상대 진영의 공격타깃이 되었다.

노무현 정부에서 외교통상부 장관(외상)을 지낸 송민순이 펴낸 회고록『빙하는 움직인다』에서, 2007년 미-일이 주도한 UN의 '대북인권비난결의안에 한국이 찬성이 아닌 기권으로 돌아선 것은 대통령 비서실장이었던 문재인이 최종 결정을 했다'고 폭로하였기 때문이다.

그 해 11월 15일에 열린 안보정책조정회의에서 송민순은 "이(대북) 결의안은 우리 정부의 요구를 반영하여 크게 완화된 내용이다. 우리도 북한의 인권상태를 주시하고 있다는 입장을 보여야 한다"고 주장했다.

그러나 다른 참모들은 "결의안은 내정간섭이 될 수 있고 남북관계 발전에 지장을 줄 것이기 때문"이라며 기권해야 한다고 주장했다.

이후에도 정부 내에서 논의는 계속되었지만 최종적으로 비서실장이었던 문재인이 "일단 남북경로(채널)를 통해 확인해 보자"고 결론지었다.

그 결과 북한으로부터 "북남관계 발전에 위험한 사태를

초래할 것이므로 표결에서 책임 있는 입장을 취하길 바란다"는 반협박적인 답변이 돌아왔다.

이에 보수진영은 "문재인은 북한으로부터 지시를 받고 국가 정책을 정하는가"라고 일제히 비난했다.

문재인은 "기억이 확실하지 않다"며 피해가려고 했지만 투표 직전인 4월 선거 유세에서 "송민순이 거짓말을 하고 있다"고 반박했다. 송민순은 문재인이 진실을 감추려 한다며 반박, 당시 국정원장이 정리했다는 메모(증거자료)를 공개했다. "사실 이렇게까지 할 생각은 없었다. 그러나 이렇게 확실한 증거가 있는데 역사로부터 눈을 감고 있을 수는 없다."(4월 21일자 「중앙일보」)

송민순이 메모를 공개한 날 문재인은 "(폭로는) 선거를 좌지우지하려는 비열한 신북풍 공작이다. 결코 좌시하지 않을 것이다"라고 말하며, 24일 송민순을 검찰에 고소했다.

정부 요직의 고위인사 절반은 친북성향 '운동권' 출신

문재인의 대화 요청을 계속 묵살해 온 북한이 UN인구기금(UNFPA)을 통해 인구조사 비용 6백만 달러의 지원을 한국 정부에 요청한 것은 7월 15일이었다.

국제 사회의 경고를 무시하고 4일에 대륙간탄도미사일(ICBM) 화성14를 발사한 북한에 제재 강화의 목소리가 높아지던 때였다.

그러나 문 정권은 "국제사회의 대북 제재의 틀을 깨지 않는 범위에서"라며 긍정적으로 검토할 태세다. 요청한 지 2주도 지나지 않은 28일 밤, 북한은 또 다시 ICBM을 발사했으나 문 정권은 태도를 바꾸지 않았다.

8월 1일자 동아일보는 통일부 관계자의 말을 인용해 "(6백만 달러)지원을 유보한다는 일부 보도가 있었지만 사실이 아니다. (적극적으로) 검토 중이다"라고 했다고 밝혔다.

문 정권이 '전략적인 정책 판단'이라고 주장하는 이 같은 자세에 보수는 싸늘한 반응을 보였다. 문 정권의 브레인 상당수가 친북활동 경력이 있기 때문이다.

청와대에는 1980년대 학생운동의 선두에 섰던 소위 '586 세대(1960년대 생으로 50대, 1980학년에 대학을 다닌 세대)' 운동권 출신이 많았다.

특히 대통령 취임 후 한 달 사이에 문재인이 임명한 청와대·정부각료·정부기관의 67개 요직 가운데 절반가량을 차지하는 32명이 '운동권' 출신이었다(『월간조선』의 분석에 근거한다).

그 대표적 인물이 대통령 비서실장으로 발탁된 임종석이다. 대학 시절 전국대학생대표자협의회(전대협), 한국대학총학생회연합회(한총련) 의장을 지낸 임종석은 학생 시위를 주도하면서 북한의 주체사상에 심취하여 친북활동을 하다가 국가보안법 위반으로 체포되어 징역 5년의 실형을 선고받았던 인물이다.

임종석은 1989년 평양에서 열린 세계청년학생축전(평양축전)에 한국외국어대학교 임수경을 보낸 중심인물이기도 하다.

88서울올림픽에 대항하여 김정일이 기획한 평양축전은 '김일성 체제의 우월성'을 세계에 선전하는 것이 목적이었기 때문에 한국 정부는 국가 보안법을 근거로 대학생 참여를 저지하려 했다.

북한은 한국 정부의 반대를 무릅쓰고 '용감하게' 평양을 방문한 임수경을 '통일의 꽃'이라고 치켜 세우며 환영했다. 김일성이 얼굴에 가득 미소를 머금고 임수경을 껴안은 사진은 전 세계에 확산됐다.

"남조선 대학생이 북한과 수령님을 동경하고 있다"는 식의 이미지를 만들기 위해 혈안이 되어 있던 북한에게 전대협이 동조한 것이다.

이 사건으로 지명 수배된 임종석은 동지·친구집에 숨으며 도망 다니다가 결국 10개월 만에 체포되었다. 복역 후인 2000년에 임종석은 새천년민주당(더불어민주당의 전신)에 입당해 그 해 총선에서 당선. 2004년에 재선되었으나 2008년 총선에서는 낙선했다.

반면 임수경의 1년 선배이자 문재인의 연설담당 비서관으로 발탁된 신동호는 대학 시절 운동권에서 '문화통일 일꾼'으로 불렸다. 문화를 한국 사회 변혁의 도구로 삼는 전대협의 중심 멤버였다.

대통령 부인의 비서로 임명된 윤성화는 민주화운동청년연합(민청련)의 조직부장을 지냈다. 8·15남북청년학생회담 투쟁을 주도하다 체포되어 5개월간 복역했던 여성운동가

이기도 하다. 한때 운동권이었던 현직 국회의원 중 한 명은 필자에게 이렇게 말했다.

"그렇게까지 노골적으로 (인사를) 할 줄은 생각지도 못했다. 그들의 등용에 거부반응을 보이는 한국인들이 아주 많음에도 불구하고…."

김정은의 '영상 사용료' 징수 대행

북한의 선전선동에 동조하고 친북 활동을 했다가 국가보안법 위반으로 복역한 경력을 가지고 있는 임종석은 문재인 정권의 대통령 비서실장 취임 때 '남북경제문화협력재단(이하 재단)' 이사장을 맡고 있었다.

재단이 어떤 활동을 하는 조직인지에 대해 임종석의 학창 시절부터 동료이자 현재 대통령의 연설담당 비서관을 맡고 있는 신동호가 미국 언론과 인터뷰에서 아래와 같이 밝힌 적이 있다.

"재단의 역할은 북한의 저작권 사무국의 업무를 대행하는 것이다."(2006년 7월)

북한이 저작권 보호에 관한 베른협약에 서명해 저작권 사무국을 개설한 것은 2003년. 임종석이 중심이 되어 통일부에 재단 설립을 신청한 것은 노무현 정권 시절이던 2004년 1월. 허가가 난 것은 그해 9월이다. 그러나 재단 설립 전부터 그는 북한과의 경제교류(실제 지원활동)에 열심이었다.

2002년 8월, 임종석은 국회의원(당시)의 신분으로 북한 민족화합협회의 김일사회주의청년동맹에게 남북경제문화교류를 제안했다.

2004년 4월, 중국에서 북한으로 귀국길에 올랐던 김정일 전용열차를 노린 것으로 알려진 룡천폭발 사건이 터진 직후 임종석은 15만 달러 상당의 의약품 및 구호 물품을 북한에 보냈고 2005년부터 2007년까지 김일성대학교 도서관 전산시스템을 구축하는 23억 원의 지원사업을 주도했다.

서울에서 출판사를 경영하고 있는 출판업자는 "23억 원 중에는 국민이 낸 세금인 남북협력기금 9억 원이 포함되어 있다"며 분개했다.

임종석이 관여한 재단이 먼저 북한에 '한국에서 저작권료를 징수해주겠다'고 제안했을때 그 진의를 의심했던 북한이었지만 2005년 12월에 북한은 저작물의 사용권에 관한 포괄적인 권한을 이 재단에 부여했다.

당초 재단은 북한 소설이나 영화작품의 저작권 사용권을 대행 판매하는 업무로 시작해서 북한방송이 제작한 뉴스 영상이나 기타 영상을 한국 언론이 사용했을때 사용료를 징수하는 것이 주요 업무가 되었다.

통일부 집계에 의하면 재단이 과거 13년간 국내 방송국과 출판사로부터 징수한 사용료는 187만 달러에 이른다.

최근 재단으로부터 돈을 독촉하는 전화를 받았다는 국방TV 간부는 언론사의 취재에 응하면서 다음과 같이 분통을 터뜨렸다고 전해진다.

"그들은 우리 프로그램에 사용된 김정은 영상과 미사일 발사 장면 등에 대해 '돈을 지불하지 않으면 사용할 수 없다'고 말했다. 한국군 장병들이 확고한 대북관을 갖게 하는 데 초점을 맞춘 방송이다. 핵미사일 도발과 남한을 비난하는 영상에 돈을 지불해야 한다니, 그것도 그걸 북한에 지불한다는 게 말이 되는 소리인가."

한 TV 제작사의 증언에 의하면 최근 재단의 수금 독촉이 더욱 강화되었다고 한다.

중국에 거주하는 무역 관계자는 이렇게 말했다. "북한에서는 한국 저작물만 봐도 정치범수용소로 끌려간다. 그러나 권력자들은 한국의 영상을 마음껏 훔쳐보고 있다. 북한에서는 남한을 비방 중상하기 위한 목적으로 한국방송 영상을 마음대로 쓰고 있지만 북한이 한국에 저작권료를 냈다는 이야기는 들어본 적이 없다."

탈북자 출신으로 현재 동아일보 북한전문기자로 활동하고 있는 주성하는 "나는 북에서 '임종석은 훌륭한 청년'이라고 귀에 못이 박힐 정도로 들었다. 그들은 북한 당국을 위해 일하지만 나는 북한 주민들을 위해 일한다."

5·18 '광주사태'를 다룬 영화, 감격의 눈물을 흘리다

한국인이 드라마를 좋아한다는 것은 TV 프로그램 편성만 봐도 알 수 있다. 지상파 각 방송국의 골든타임에는 드라마가 꼭 들어 있다. 영화는 더 말할 것도 없다. 개봉된 지 2주일도 채 되지 않아 천만 명의 관객(대한민국 인구는 약 5천만 명)을 동원하는 영화도 숱하다.

북한이 미국령 괌에 미사일을 발사하겠다고 위협하자 이에 대해 미국은 보복도 불사하겠다고 응수하는 등 일촉즉발의 긴장이 계속되던 2017년 8월 13일 문재인은 서울 시내 한 영화관에 있었다.

2주일도 되지 않아 900만 관객을 동원했다는 영화 〈택시 운전사〉를 보기 위해서였다.

영화는 1980년 5월 18일 광주에서 군인이 시위대를 향해 발포하는 등 무력으로 진압한 소위 '5·18광주사태'를 소재로 했다.

사건을 취재하기 위해 서울에서 광주에 단독으로 잠입한 독일 사진기자 피터가 택시기사의 도움을 받아 광주에 도착해 처참하기 짝이 없는 현장을 보면서 돌아다닌다. 영화에서는 사건 당시 광주에 외국 기자는 피터밖에 없었고 군인들이 취재를 엄격하게 단속한 것처럼 묘사했지만 현장에 있었던 AP통신, 미국 뉴욕타임스 기자들의 증언에 따르면 전혀 사실이 아니다. 감동에 겨워 영화를 보며 울었다는 문재인은 이렇게 말했다.

"광주의 민주화운동은 늘 광주 속에 갇혀 있었다고 느꼈는데 (이 영화로 인해) 당시의 진실이 국민 가슴속에 파고들 것이라는 예감이 든다."

이 발언에는 여러 복선이 깔려 있었다. 정권을 차지한 문재인이 온 전력을 다해 애쓰고 있는 것은 과거 청산 즉 재조사이다. 문 정권은 '역사바로 세우기'를 지상의 과제로 삼았다.

문재인의 당선이 확실시 된 2017년 4월 그의 캠프는 '과거사 청산을 위한 7대 과제'를 발표했다. 첫 번째가 진실 화해를 위한 과거사정리위원회(과거사위원회)의 부활이다.

노무현 정권(참여정부) 시절이었던 2005년 12월에 출범한 '과거사위'는 2010년 6월까지 1만여 건의 과거 사건을 재조사했다.

그러나 과거사위원회는 출범 초부터 보수정치인과 언론들의 비난을 받았다. 조선일보는 2007년 3월 "한마디로 표현한다면 코미디이다. 취미로 과거사를 한 번 더 뒤집을 생각이라면 세금을 쓰지 말고 모금으로 해야 한다"고 사설에서 주장했다.

문 정부의 과거사위원회 조사 대상에는 당연히 광주사태가 포함되었다.

문재인은 대통령 취임 직후 광주를 방문해 "아직도 광주(사태)를 왜곡하려는 의도가 있다. 신 정부는 진상 규명에 최선을 다할 것이다. 누가 시민에게 발포 명령을 내렸는지 진실을 규명해 반드시 책임을 묻겠다"고 말했다.

하지만 광주사태는 이미 역대 정권이 다섯 차례나 조사를 벌였던 사건이다.

"〈택시운전사〉는 광주사태를 다시 울궈먹으려는 좌파·소위 진보계의 정서를 대변하는 것이다"라고 한 보수논객은 말했다.

광주사태 당시 군 실권을 쥐고 있었던 전두환은 영화 개봉 후 "영화는 날조다. 법적 조치를 검토하겠다"라고 성명을 발표했다. 전두환은 그의 『회고록』에서 "광주사태는 북한군이 개입한 반란 폭동이다"라고 기록해 5·18기념재단 등으로부터 고발된 상태다. 그리고 광주지방법원은 『전두

영화 '택시운전사' 포스터

환의 회고록』을 판매·배포금지 처분했다.

한국 정치를 반세기 가까이 지켜본 한 평론가는 "한국에서는 일반 대중을 선동하는 영화의 힘이 막강하다. 허구의 스토리에 눈물 흘리고 감동하고 세뇌 당하고 그리고 행동한다. 거기에 정치인이 편승해 이용한다."

취임 100일차 회견에서 문재인은 식민지 '징용'에 대해 "개인 청구권은 남아 있다"고 분명하게 밝혔다.

한국에서는 징용노동자를 소재로 한 영화 '군함도'가 또 히트를 쳤다. 한반도 정세가 어느 때보다 긴박하게 돌아가는 가운데 과거에 매달리는 문재인을 향해 한 보수논객은 경고한다.

"과거에 집착하면 미래를 잃는다."

제3장 |
좌파와 내전에서 패배한 박근혜

남북의 대리전쟁이었던 박근혜 탄핵

2017년 3월 1일 서울. 3·1운동기념식이 행해진 날, 경찰은 202개 중대, 1만6천 명의 경찰관을 투입해서 박근혜 대통령 탄핵 무효를 외치는 시위대와 박 대통령 즉시 퇴진을 요구하는 시위대간의 충돌을 차단하기 위해 양 진영 한가운데에 차벽을 만들고 있었다.

묘하게도 '차벽'의 북쪽에는 촛불을 손에 든 친북한 성향의 단체와 정당 등 좌파세력이, 남쪽에는 태극기를 손에 든 친미·반북한 우파세력이 모여 있었다.

남·북한의 대리전 양상을 띤 일촉즉발의 이날 시위는 작은 충돌로 끝났지만 대한변호사협회 회장을 지낸 김평우 변호사는 그 당시 "탄핵의 결과에 따라서 내란으로 발전할지도 모른다"라고 말했다.

"이 시위는 '민심'을 내세워 부패한 국회의원과 권력의 향배(向背)에 민감한 검찰, 무책임한 언론의 야합에 의한 쿠데타였다."

 이렇게 말한 것은 40년간 한국정치를 취재해온 유력 일간지의 베테랑 기자였다.
 애당초 박근혜가 탄핵 당한 것은 정말로 무능했었기 때문도 아니고, 최순실이라는 여인에게 완전히 조종되었기 때문도 아니라고 본다. 아버지 박정희의 보수주류의 흐름을 타고 탄생한 박근혜 정권과 그 반대세력과의 대결은 당초부터 예상된 것이었다.
 박 정권이 출범한 지 얼마 안 된 2013년, 박근혜는 진보좌파 세력의 대통합을 내세워 2011년 당을 결성해, 국회에 6명의 비례대표를 진출시킨 '통합진보당' 해산을 향해 움직였다.
 같은 해 8월 국가정보원은 통합진보당 이석기 의원의 사무실을 가택수색하고 9월에는 '내란음모'를 획책하였다며 '체포동의요구서'를 국회에 보냈다. 마침내 국회의 동의를 얻어 국정원이 구속영장을 청구한 것은 같은 달 9일이었다.
 그것은 80만 명의 조합원을 지닌 좌파계의 전국민주노동조합총연합(민노총)과 운동권(1980년대에 민주화투쟁을 경험한 사람들)을 적으로 돌린다는 것을 의미했다.
 박근혜는 또 정권에 비판적인 전국교직원노동조합(전교

조)을 법외노조로 지정하였다.

친북–반미성향이 강한 전교조는 "초·중·고 학생을 좌편향으로 의식화교육을 시키고 있다"라고 비판받아 왔지만 역대 정권은 격렬한 반발에 부딪칠 것을 우려해 손도 대지 못하고 있었는데 박 정권은 칼을 들이댄 것이다.

북한의 4번째 핵실험을 지켜보고 결정한 개성공단의 폐쇄, 미군의 최신예요격시스템–고고도방위미사일(THAAD) 도입 결정, 위안부 문제를 둘러싼 한일간 합의(日韓合意)도 좌파의 맹렬한 비난을 초래하였다.

그러한 박 정권에 대하여 야당은 박근혜 당선에 '국정원 개입이 있었다(댓글의혹)'며 4회에 걸쳐 대 공격을 감행하였다.

그러나 확고한 지지기반을 갖고 40%대의 지지율을 유지하는 대통령을 권좌(權座)에서 끌어내릴 수는 없었다.

1997년에 한국으로 망명한 조선노동당 서기를 지낸 고 황장엽은 일찍이 "한국에는 5만 명의 북한공작원이 잠복, 암약하고 있다"라고 밝힌적이 있다. 시민운동가로 위장한 그들은 여러 시민단체에 뿌리를 내려 선량한 시민들을 끌어들여 단체를 조종하면서 수시로 정권을 뒤흔들기 위한 소요를 일으키곤 한다.

그것을 측면에서 지원하는 쪽은 일찍이 북한으로부터

학비 등을 받아온 소위 김일성의 은혜(恩惠)를 입은 한국내의 일부 지식인계, 문화계, 종교계, 법조계 인사들이다(영웅 칭호를 받은 북한고위 귀순간첩이었던 김용규가 쓴 『태양을 등진 달바라기』).

그러한 야당이 지켜보고 있는 가운데 표적에 떠오른 것이 바로 '최순실-게이트'였다.

호시탐탐 박 정권의 실패를 노리던 야당에게 정권을 탈취할 수 있는 절호의 기회였던 것이다.

부조리가 버젓이 통하는 나라

'쓰레기 언론' '정치 검찰' '부패 국회'… 노도와 같은 성난 목소리가 서울시내 한복판 광화문광장에 울려 퍼졌다.

2017년 3월 1일에 열린 전국 규모의 항의집회 주최자는 '(박근혜) 대통령 탄핵기각을 위한 국민총궐기운동본부'(약칭-탄기국) 주최자 측은 사상최대인 500만 명이 참가했다고 했지만, 실제로는 수십만 명이라는 정보도 있다. '탄기국'의 분노는 '특별검찰(특검)'에게로 향해졌다.

특검의 최종 수사결과 발표가 있은 다음날인 3월 7일, 박근혜 변호인 측은 기자회견을 통해 특검을 나치스에 비유하여 "90일간 한국을 공포에 빠트렸다"라고 비난하였다.

2016년 12월 21일 수사를 시작한 이래 2월 28일까지 특검은 최순실 피고의 딸인 정유라에게 대학입시에서 부당하게 합격점을 준 교수를 긴급체포 하는 등 13명을 구속하고,

30명을 기소(집행유예 포함) 하였다.

특검은 최(순실) 피고와 대통령을 '경제공동체'로 보고 수뢰죄, 직권남용죄 등을 적용하려 했다. 한국이라는 나라의 문화에서 볼때 대통령과 가족은 일심동체, 경제공동체였다. 대통령의 가족은 대통령의 분신으로 여겨지므로 민간인이어야 마땅한 대통령의 가족이나 친척에게도 거액의 뇌물이 오고간다.

김영삼, 김대중, 노무현, 이명박 등 전직 대통령의 아들이나 친형도 수뢰죄로 유죄판결을 받았지만 그때까지 '경제공동체'이기 때문에 대통령이 재판을 받는 일은 없었다.

그런데 생활기반이 다른 타인을 경제공동체로 보고 경제공동체 논리를 적용해서 대통령을 소추하는 것은 처음 있는 일이었다. 과거의 법 해석에서 보면 무리가 있는 것으로도 비추어진다.

박근혜 변호인 측은 "최 피고와 경제공동체가 될 정도의 필요성이 박근혜에게 있었다는 말인가?"라고 반론했다. 박근혜 변호인 측은 '국정개입 사건'은 최순실 피고의 전 측근으로 정보를 최초로 언론 등에 흘린 고영태가 만들어 낸 사건이었다고 주장한다.

MBC TV가 2017년 2월, 독자적으로 입수하여 보도한 고영태의 전화녹음 파일에는 고영태가 최순실 피고를 이용하여 문화체육부로부터 36억 원을 사취하려고 모의하는 장면과 공익재단 K-스포츠재단 등을 이용하려는 통화내용이 담겨있었다.

박근혜 변호인 측 주장은 이러했다. 최순실과 '남녀관계'이던 고영태가 최 피고의 박근혜에 대한 영향력을 이용하려고 획책한 것인데 최 피고에게는 박근혜를 움직일 정도의 힘은 없었다. 목적을 달성하지 못한 고영태 등이 2년간에 걸쳐 최 피고와 박근혜와의 '친밀한 관계'를 보여주기 위한 자료를 모아 그것을 과장해서 언론 등에 흘렸다.

중앙일보는 '고영태는 선의의 고발자인가, 계획적인 폭로자인가?'라는 제목의 기사에서 '고영태는 개인적인 이익을 노린 계획적인 폭로자가 아닌가 라는 주장이 퍼지고 있다'라고 보도하였다.

전화녹음 파일은 230개를 넘고 있으나 검찰은 최 피고와 박근혜가 친밀함을 증명할 녹음기록 27건 만을 증거로 채택하였다.

검찰에 의해 현재까지 밝혀진 사실관계를 검토한 한국의 베테랑 헌법학자들은 법적으로 탄핵은 '각하가 타당하다'고 한다. 특검의 수사보고서에는 "죄상을 인정하는 물적 증거가 거의 없다"라는 지적도 있다.

사회정의구현의 주체여야 할 검찰, 신문-방송, 국회는 어째서 엄밀한 조사와 수사, 법해석을 하지 않고 폭주하는 것인가? 한국 정치의 고질병은 5년 단임제인 한국대통령에 있는 것인지도 모른다. 임기 절반을 넘기면 대통령은 구심력을 잃고 레임덕에 빠져버린다. 3년이 지나면 검찰이나 신문-방송도 차기 정권의 향배에 민감하게 된다.

민심에 흔들려 움직이는 한국에서 어디까지 냉정한 판단이 내려질 수 있을지는 아무도 모른다.

탄핵의 단초가 된 '경사로운 날'의 연설

2014년 3월 28일. 이날은 박근혜 대통령의 일생에 있어서 빛나는 하루가 되었다. 국빈으로 독일을 방문한 박 대통령은 '엘베강의 진주'라고 불리는 구 동독의 고도(古都) 드레스덴에서 '한반도 평화통일 구상'이라고 하는 '드레스덴 선언'을 발표한 것이다.

드레스덴 공과대학에서 행하여진 연설에서 박 대통령은 "드레스덴은 독일 분단 극복과 통합의 상징. 독일민족은 이곳 드레스덴을 자유로운 공기가 가득하고 풍요가 넘치는 희망의 도시로 만들어 냈습니다"라고 연설을 시작했다.

그리고 이 대학으로부터 명예박사 학위를 수여받았다. 검정색 가운을 입은 박 대통령은 "독일은 통일이라는 커다란 꿈을 실현하고 나아가서는 유럽의 미래도 변하게 했다"

라고 치하한 후에 3개 항목으로 된 '대 북한 기본정책'을 발표하였다.

첫째, 남북 분단에 의해 고통을 많이 받고 있는 이산가족재회의 정례화

둘째, 농업지원 등 민생 인프라 구축에 대한 협력

셋째, 남북통합을 위한 교류 확대 등이었다.

다만 '북한이 핵을 버린다는 결단을 한다면' 이라는 전제조건을 달았다.

이 선언에 대하여 북한은 심하게 반발하였다. "해외에 나가서 품행이 바르지 못한 여자처럼 화장까지 하고 여색을 뿌리며 다녔다" 라고 공격하며, 박근혜가 추구하는 통일이란 "우리 제도를 붕괴시키는 체제통일이다(2014년 4월 1일자 「노동신문」)" 이라고 강력 비난했다.

연설의 달인으로 알려져 있는 미국 전 대통령 오바마도 이 연설문을 격조 높은 문장이라며 극찬한 바 있다. 드레스덴 선언은 후에 박 대통령의 대북 기본정책으로 정착하지만 공교롭게도 이 연설문이 박근혜 탄핵의 방아쇠를 당기는 소재로 쓰일 거라고 당시 그 누구도 상상하지 못했다.

드레스덴 선언을 발표한 때로부터 2년 7개월 후인 2016년 10월 24일 - JTBC는 "드레스덴 선언문을 포함한 박근혜 연설문 대부분은 비선실세로 오랜 지인관계인 최순실(직권남용죄 등으로 기소됨)이 고친 것이다"라고 폭로하였다.

JTBC의 간판 프로 〈뉴스룸〉이 "박근혜가 최순실이라는 민간인에게 조종되고 있다는 정황을 나타내는 결정적인 증거를 입수하였다"라고 보도한 것이다.

최순실은 어머니 대신에 퍼스트-레이디가 된 당시의 박근혜가 "정신적으로 의지하고 있다"는 소문이 떠돌고 있던 이상한 종교인 최태민(고인)의 딸이다.

보도에 따르면 "최순실은 대충 44건이 넘는 연설문을 대통령이 발표하기 전에 먼저 보고를 받고 있었다"라고 JTBC는 보도했다.

"이른바 드레스덴 선언은 박근혜 정권의 국정철학이 가장 많이 반영되었다고 평가되는 문장인바 원래 극도로 보안이 요구되는 자료였는데, 이 자료도 역시 최순실 씨가 하루 전에 사전 열람했다는 것이 확인됐습니다."

JTBC는 최순실이 항상 갖고 다니며 박 대통령의 연설문을 고쳤다고 하는 태블릿PC가 "우연히 최 씨 사무실에서 발견되었다"라고 설명했다. 빨간 글씨로 고쳐진 드레스덴 선언문 화면을 시청자에게 보여주며, "최 씨의 태블릿PC에는 대통령실의 각종 서류로 가득 차 있었다. 이런 파일은 200건이 넘는다"라고 설명하는 것도 잊지 않았다.

이날의 〈뉴스룸〉은 유선 TV의 뉴스 프로 시청률로서는 이례적으로 높은 8%를 기록하였다.

JTBC의 특종에 자극받은 한국의 신문-방송은 일제히 박근혜에 대한 공격을 개시하였다. "박근혜는 최순실에게 혼을 팔았다. 그것도 이상한 종교인의 딸에게. 우리들(국민)은 사실상 최순실이라는 천박한 여자에게 지배된 것이다."

사태의 심각성을 깨달은 박 대통령은 다음날 25일 '대국민담화'를 발표하여 "대통령선거 중에 최순실은 선거운동 중에 제 말이 국민들에게 어떻게 전해지는지에 대하여 개인적인 의견이나 느낌을 말해주는 역할을 한적은 있다. 그리고 정권 출발 초기, 비서진이 갖추어지기 전에 조언을 구하거나 한 일은 있었지만 (대통령실)비서실 체제가 완비된 후에는 그만 두었다"라고 해명하였다. 그러나 담화는 오히려 보도내용을 인정한 것으로 받아들여졌다.

이것이 신문-방송에 더욱 더 불을 붙여 국민의 분노를 불러 일으켰다. 의혹을 들춰내 폭로한 JTBC의 사장이며 앵커를 겸하고 있는 손석희는 한순간에 영웅이 되었고 이에 고무된 신문-방송이 앞다투어 박근혜 비판 보도를 양산, 오랫동안 박근혜를 지지해왔던 지지자들조차 비판의 말을 쏟아내기에 이르렀다.

그러나 손석희의 특종은 1개월도 채 지나기 전에 '조작보도'가 아닌가 하는 의혹이 여기저기서 터지기 시작하였지만 이미 때는 늦었다.

'조작극'이었던 JTBC 초대형 특종

　박근혜 탄핵의 방아쇠를 당기는 특종을 보도한 JTBC는 당초 국정개입의 증거가 들어있는 태블릿PC를 최순실 사무실에서 발견하여 "도난 우려가 있어서 갖고 나왔다"라고 했지만 그 후 설명은 몇번이나 바뀌었다. 태블릿PC는 최순실의 사무실이 아니고, 독일에 있는 최순실 자택 쓰레기장에

서 주웠다고 정정했지만 결국 '누가 언제 어디에서'라고 하는 구체적인 설명은 빠져 있었다.

JTBC의 손석희는 태블릿PC로부터 국정개입을 증명하는 서류가 200건이나 발견되었다고 설명했지만, 검찰이 태블릿PC속에서 개입 의혹이 있다고 판단한 서류는 3건, 그것도 법적으로는 '비밀(秘密)'로 분류되는 것은 없었다고 한다.

최순실 피고는 법정에서 태블릿PC는 자기 것이 아니고, 내용도 누군가가 손을 댔을 가능성이 있다며 감정을 요구했지만 검찰은 사건 증거목록에서 태블릿PC를 제외시켰다.

신문-방송을 감시하는 우파 시민단체들은 최순실의 태블릿PC는 애초부터 존재하지 않았고 JTBC가 부당한 방법으로 얻은 데이터를 다른 PC에 담아 넣어 '시청자를 속였다'고 주장했고, 손석희는 모해증거위조죄로 검찰에 고발되었다.

손석희는 문제의 프로인 뉴스룸에서 "어쩌면 애초에 태블릿PC(보도)는 필요 없었을지도 모른다"라며 박근혜가 최순실에게 조종되었다는 증거는 그 후 산처럼 많이 나왔다라는 의미의 말을 했다.

특종기사로부터 대략 1년이 경과한 2017년 9월, 검찰은 문제의 태블릿PC의 통신내용이나 보존 데이터 등을 조사한 보고서를 재판부에 제출했는데 "태블릿PC에는 의미 있는 내용은 아무것도 없으므로 감정할 필요가 없다"라는 의견서가 붙여져 있었다.

'박근혜 대통령 공정재판을 위한 법률지원단'(뜻있는 변호사들을 중심으로 발족)에서 보고서를 발표한 것은 9월 17일이다.

법률지원단에 의하면 검찰이 태블릿PC를 입수한 다음 날인 2016년 10월 25일에 이미 보고서를 작성했다고 한다. 사실이라면 1년 동안 그 보고서를 숨겨왔다는 것이 된다. 보고서에서 알게 된 사실은 놀랄만한 것이었다. 태블릿PC는 2013년 1월부터 2016년 10월까지 인터넷 회선에 연결된 흔적이 전혀 없고 최순실이 아니라 다른 사람 명의의 것이었다는 것이다.

태블릿PC 안에 들어있던 1800장이 넘는 사진과 다른 파일에도 국정개입을 의심할만한 것은 전혀 없었다고 밝혀졌다. 그러나 어쩐 일인지 '드레스덴 선언문'만은 태블릿PC에 들어 있었다.

'JTBC가 태블릿PC를 주웠다.'(JTBC의 설명) 그 후 검찰에 증거로 제출할 때까지 그 사이에 저장해 넣었을 가능성이 농후하다. 더 중요한 것은 태블릿PC에는 문서를 수정할 때 사용하는 프로그램도 없었다. 즉 이 태블릿PC가 최순실의 것이 맞다고 하더라도 그 연설 내용을 수정할 수 없다. 반대로 JTBC가 태블릿PC를 입수한 후에 40회 정도 인터넷에 접속했었다는 것과 검찰도 손을 댄 흔적이 있었다는 점이 밝혀지고 있었다.

최순실 피고는 박근혜 연설문을 수정한 것으로 되어 있지만 1998년부터 박근혜 대통령과 함께해온 대통령 비서실 부속비서관 정호성 피고는 탄핵을 심리하는 헌법재판소에서 이렇게 반론하였다.

"대통령은 2004년부터 정당 당수(총재)로 있으면서 셀 수 없을 만큼 많은 연설을 했는데, 가장 평판이 좋고 재미있었던 부분은 즉석에서 요청받고 그 자리에서 바로 연설한 것이었다."

박 대통령 지지자들은 가령 "대통령으로 문제가 있었다고 해도 탄핵받을 정도의 것은 아니었다"라고 주장한다.

한국 국회는 신문-방송에 선동된 민심에 밀려 박근혜 대통령 탄핵소추안을 가결시켰다. 그러나 증거자료 21건 가운데, 16건이 신문-방송 보도라고 하는 사실에는 놀라지 않을 수 없다.

법률지원단은 "국정개입 보도는 사전에 철저하게 조작되어 탄핵에 사용된 요물(妖物)이었다. 국정감사와 특별검찰 임명을 강력히 요구한다"라고 성명을 발표했지만, 좌파인 문재인 정권에서 그 요구가 받아들여 질 전망은 거의 없다. 유력 일간지에 논설을 써온 베테랑 기자는 이렇게 말했다.

"독재정권에서도 우리는 진실을 쓰려고 했고 또 써 왔다. 그런데 지금은 '민심'이 무서워서 자유롭게 글을 쓸 수가 없다."

한국에서는 위안부 문제로 일본에 동조하거나, 역사문제로 일본을 옹호하는 주장은 민심이 용서하지 않는다. 이런 문제를 자유롭게 발언하면 인생을 망칠 염려도 있다.

한국에서는 정치를 움직이는 것도 '민심'이고, 언론이나 지식인층을 움직이는 것도 민심이지만, 그 민심을 움직이게 하는 것은 '언론 보도'인 것이다.

헌법재판소에서 탄핵에 대한 시비가 심의되고 있는 와중에 박근혜는 언론 인터뷰에서 이렇게 말했다.

"이번 소요사태는 누군가 나를 함정에 빠뜨릴려고 하는 거대한 산이 움직이고 있다는 느낌이 든다."

그러나 탄핵이 이뤄져 가는 분위기에서 그녀의 이 말은 공허(空虛)하게 울릴 뿐이었다.

박근혜의 약점을 정확하게 꿰뚫어 본 보도

　박근혜가 체포 구속된 것은 종편 TV인 JTBC의 보도로부터 약 5개월 후인 2017년 3월 31일이었다.
　서울구치소에서 박근혜에게 주어진 것은 변기와 세면대 등을 포함해서 겨우 12.1평방미터의 독방이었다.
　"방에 들어가기 전에 박 전 대통령은 흐느껴 울며 잠시 들어가려 하지 않았다."(『한국일보』)

　65세가 되는 그녀가 이러한 굴욕을 맛보는 것은 태어나서 처음이었다. 박정희 대통령의 딸로서 '공주님'처럼 대접받았고 한국 헌정사상 첫 번째 여성 대통령으로 권력의 자리에 앉아 있던 그녀가 강도나 살인범들이 수용되는 구치소에 수감된다는 사실에 잠시나마 마음이 동요됐다면 그것은 자연스러운 일이라고 할 수 있다.

박근혜에게 적용된 혐의점은 직권남용, 비밀누설, 뇌물수뢰 등 10가지가 넘었지만 세상 사람들의 관심은 박근혜가 어째서 최순실 일가와의 인연을 끊지 못하고 관계를 계속해 왔는가에 집중되었다. 한국 신문-방송의 폭풍 같은 보도는 박근혜가 최순실에게 혼까지 빼앗긴 인물로 낙인 찍어 버렸다.

"박근혜는 '영세교(永世敎)'라는 종교에 빠져서 최태민(최순실의 아버지이며 종교인)의 신도라는 의혹이 있다." "대통령이 집무하는 청와대에서 굿판(샤머니즘 의식)까지 벌린 의혹이 있다."(「JTBC」등의 보도)

박 대통령은 다시 대국민담화를 발표. "청와대 안에서 샤머니즘 의식을 했다는 보도는 사실무근"이라고 해명했지만 이미 흥분한 한국인에게는 변명으로 밖에 들리지 않았다. 박 대통령이 최순실에게 조종되어 왔다고 하는 JTBC의 보도는 박 대통령의 약점을 실로 정확하게 맞춘 것이다.

박 대통령에게 최 씨 일가는 아킬레스건이었다. 박 대통령의 일생에 유일한 '어두운 부분'이란 점을 알 수 있다.

박 대통령은 초등학생 때까지는 장난꾸러기였다고 한다. 학교 성적은 항상 전 과목에서 수(秀)를 받았다.

초등학생 시절의 박근혜가 어떤 어린이였는지는 그녀가 다녔던 장충초등학교 학적부에 남겨진 '성격평가란'을 보면 알 수 있다.

저학년 시절에는 '친절, 예의, 사회성, 정직성, 정의감' 등 모든 항목에서 최고의 평가를 받고 있지만 학년이 올라가면서 변화가 보인다. 평가란에는 '약간 냉정하다' '자존심이 강한 학생'이라고 쓰여지게 된다.

군인이 되기 전 초등학교 교사였던 아버지 박정희와 교사 출신이었던 어머니 육영수는 장녀인 그녀에게 엄격한 교육을 시켰다.

1964년 1월 육영수 여사는 언론과의 인터뷰에서 "6학년이 된 장녀(근혜)는 자신의 부주의와 잘못이 양친에게 피해를 줄까봐 모든 면에 잘 하려고 노력하고 있습니다"라고 말했다.

후에 박근혜는 "내가 실패라도 하게 된다면 부모님 얼굴에 먹칠을 하게 될까 염려되어 항상 긴장하고 지내는 것이 버릇이 되어 있었다"라고 말하고 있다.

독재체재에서 정적이 많았던 박정희에 비해 많은 국민들의 사랑을 받고 '국모(國母)'라고 불렸던 육영수 여사가 흉탄에 쓰러진 것은 1974년 8월 15일. 당시 프랑스에 유학하며 한국에서는 맛볼 수 없던 자유를 만끽하고 있던 박근혜는 어머니의 죽음을 알게 된 순간을 이렇게 회고하였다.

"온몸에 수만 볼트의 전류가 흐르는 듯 충격을 받았다.

심장이 날카로운 칼날에 깊이 찔린 것 같은 아픔을 느꼈고, 눈앞이 캄캄하여 아무것도 보이지 않았다."

그러한 그녀에게 "당신의 어머니가 제 꿈에 나타나서 딸을 도와 달라고 말씀하셨다"라며 접근해온 게 바로 종교인으로 행세하던 최태민(崔太敏)이었다고 한다.

좌파의 표적은 '친일파 아버지'

1979년 10월 27일 새벽. 박근혜는 전화 벨 소리에 깼다. 수화기 저쪽에서 아버지 박정희 대통령 비서관의 떨리는 소리가 들려왔다.

"빨리 준비해 주세요."

박근혜는 등골이 오싹했다. 어머니가 돌아가셨을 때의 기억이 번개처럼 스쳐지나갔다. 잠시 후에 대통령 비서실장이 달려왔다.

"각하(박정희 대통령)께서 돌아가셨습니다."

아직 잠에서 완전히 깨어나지 못한 채 그녀가 말한 첫마디는 "휴전선(南北軍事分界線)은 괜찮습니까?" 였다고 한다.

그녀가 16세 생일을 불과 2주 앞두었던 1968년 1월, 북한 특수부대원 31명이 청와대 가까운 곳까지 침입해온 일이 있었다. 1974년에 북한에서 사상 교육을 받은 재일 한국인의 총격으로 어머니를 잃었던 박근혜는 이번에도 북한의 소행이라고 생각했을 것이다.

박정희 대통령은 청와대 인근 안가에서 측근 중의 측근이었던 중앙정보부장에게 총을 맞아 사망하였다. 박근혜는 그날 일을 이렇게 회상하였다.

"날이 밝을 무렵 아버지 시신이 청와대로 옮겨져 왔다. 관 앞에는 병풍이 세워져 있었다. 나는 얼어붙었다. 누군가가 등에 비수를 꽂는다 해도 아무 아픔도 느끼지 못했을 것이다. 아이들처럼 울면서 매달리고 싶었다. 눈앞에는 흐느껴 울고 있는 여동생과 남동생이 있었다. 우는 소리가 나지 않도록 입을 깨물며 울고있는 동생들의 모습을 보니 가슴이 찢어지는 듯하였다."

사건이 발생하고 채 한 달도 지나지 않은 11월 21일 박근혜는 여동생과 남동생의 손을 잡고 청와대를 떠났다. 그 당시 아버지 박정희 대통령의 측근들은 대부분 그녀의 곁을 떠나고 없었다.

이런 와중에도 아니 이런 상황이었기 때문에 최 씨 부녀는 박근혜 곁에 계속 있을 수 있었다.

한국 정치의 비정함을 누구보다 잘 알고 있는 박근혜는 어째서 정치 세계로 들어간 것일까.

그녀를 움직이게 한 것은 1997년에 한국을 엄습한 통화위기였다. 국가파탄 위기에 처해진 한국은 국제통화기금(IMF)의 관리에 있었을때, 많은 국민들은 애국심이 발동하여 금모으기 운동에 적극 동참했으며 심지어 어른들에게 받은 용돈까지 들고 오는 어린 아이들도 있었다.

자서전에서 박근혜는 "청와대를 떠나서 나는 슬픔을 잊고 마음의 평화를 얻으려 했다. 그러나 나라의 근간이 흔들리고 있는데 나 혼자서 안락한 생활을 하며 보낼 수는 없었다. 나는 '정치인 – 박근혜'의 길을 걷기로 결심했다."

그해 12월 대통령선거 투표일을 8일 앞두고 박근혜는 보수정당인 한나라당의 이회창 후보 지지를 선언하고 지원연설을 시작하였다.

이듬해 2월 박근혜는 한나라당에 입당하고, 대구시의 국회의원 보궐선거에 입후보하였다. 오랜 침묵을 깨고 정치세계에 발을 들여놓은 박근혜는 언론의 주목을 받았고 가는 곳마다 구름떼 같은 청중을 몰고 다녔으며 사람들은 그녀를 에워쌌다.

"아이고 이렇게 잘 참아내다니"라며 위로하는 사람도 있었고 천 원짜리 지폐를 조그맣게 접어 박근혜 손에 꼭 쥐어

주는 할머니도 있었다. 대부분은 박정희를 알고 있는 연로한 세대들이었다. 박근혜는 상대후보에게 24% 차이로 승리하였다.

그러나 아버지 박정희의 존재는 정치적 힘의 원천이기도 했지만, 동시에 약점이기도 하였다.

박근혜가 대통령 선거에 입후보했을 때 좌파언론인 한겨레신문은 이렇게 썼다.

"우리나라 현대사가 왜곡되지 않고 정확히 가르쳤다면 이런 엉터리 같은 현상(박근혜 인기)이 일어났을 것인가. 박정희가 친일파였다는 사실이 교과서에 기재되고 쿠데타를 일으켜 인권을 유린했다는 사실이 알려져 있었다면 그 딸이 대통령 후보로 된다는 것은 있을 수 없는 일이다."

박근혜와 좌파의 전쟁은 박근혜가 정치에 입문한 날부터 피할 수 없는 숙명이었다.

오산이었던 좌파대응 전략

2012년 8월 박근혜는 새누리당(당시)의 대통령후보로 확정되었다. 출마 선언에서 박근혜는 "저의 삶은 대한민국과 함께였습니다"고 말을 시작했다. "어머니는 흉탄에 돌아가셨습니다. 참기 힘든 고통과 고난을 극복할 수 있었던 것은 어머니의 빈자리를 메워야 한다는 책임감과 사명감이 있었기 때문입니다. 그리고 국민 여러분 모두가 함께 해주셨기 때문입니다."

당내 예비선거에서 84%의 표를 획득해 압도적인 승리를 거뒀지만, 상대진영은 흉탄에 양친을 잃은 박정희 딸이란 감성팔이를 하고 있다(한겨레신문) 라고 애써 깎아내렸다.

이날 박근혜는 아버지에 대해서도 입을 열었다. "아버

지를 잃고 고통을 참고 있던 저는 평범한 생활을 바라고 있었지만, (아버지 세대가 땀흘려 일으킨)국가가 위기에 흔들리는 것을 보고 좌시할 수 없었습니다."

그러나 선거기간 중 박근혜를 계속 괴롭힌 것은 다름 아닌 '아버지'였다. 좌파진영은 박정희가 일본 육군사관학교를 나와서 관동군 산하 만주군 장교로 복무한 '친일경력'과 군사쿠데타를 일으킨 전력을 문제 삼아 박근혜에게 '입장'을 밝히라고 압박했다.

선거를 한 달 남겨둔 2012년 12월 서울 프레스센터에서 개최된 대통령후보 토론회에서도 박근혜에게 집중된 질문은 '아버지에 대한 입장표명'이었다.

"1961년에 박정희가 일으킨 군사쿠데타를 어떻게 생각하는가?"라는 기자의 질문에 박근혜는 대답했다.

"당시를 돌아보십시오. 우리 국민은 풀뿌리와 나무껍질을 먹으며 굶주림과 가난을 견뎌내고 있었고 세계적으로 끝에서 두 번째로 가난한 나라로 안보도 매우 위험한 상황에 처해 있었기 때문에 아버지로서는 불가피한 최선의 선택이었다고 생각합니다."

박정희가 쿠데타를 일으킨 것은 건국 대통령 이승만이 부정선거의 책임을 지고 하야한지 약 1년 후의 일이다. 이승만 퇴진 후의 한국은 마치 혁명전야를 방불케하는 혼미한 상태가 이어지고 있었다.

미국에서 CIA(미 중앙정보국)보고서 등이 최근 비밀해제되어 공개된 자료를 토대로 쓴『한국의 나라 만들기』(G.브레진스키 저)에 의하면 '당시 다수의 경찰 간부들이 조직을 떠난 결과 사회질서가 흔들리고 치안은 악화일로를 달리고 있었다'고 되어있다.

좌파계열인 학생민족통일연맹(한민통)이 북한과 직접대화를 주장하며 38선 군사분계선으로 시위행진까지 하는 등 과격한 행동이 이어졌고, 이에 보수단체가 반발, 양진영이 치열한 공방을 거듭하는 등 한국은 마치 내전으로 치닫는 것처럼 보였다.

선거예측 분석전문가인 한양대학교 이영작 교수에 의하면 한국의 유권자는 보수계, 좌파-진보계, 무당파로 3분되는데 보수계는 박정희를 긍정적으로 평가하지만, 좌파-진보계는 박정희의 경력뿐 아니라 경제발전도 부정한다.

"누가 대통령이 되더라도 괜찮지만 박근혜만은 안 된다"(2012. 6.10.「한겨레신문」)라고 하는 것이 좌파들의 주장이었다.

박근혜가 대통령 선거에서 이기려면 무당파뿐 아니라 좌파-진보세력을 껴안을 필요가 있었다.

박근혜는 "이념, 계층, 세대, 진보와 보수를 가리지 않는 100%의 대한민국을 만들겠습니다"라는 공약을 내걸고 유세(遊說)에서 좌파와 중도를 끌어안기를 최우선 과제로 삼았다.

정적(政敵)이었던 노무현 전 대통령(2009. 5. 자살)의 묘소를 참배- 헌화하고 미망인 권양숙을 예방했다. 2012년 12월 대통령선거에서 박근혜는 51.6%의 표를 획득, 한국 헌정사상 처음으로 과반수의 표를 얻은 대통령, 동아시아 최초의 여성대통령으로 국내외의 기대를 한 몸에 받으며 대통령이 되었다. 그런데 좌파까지 끌어 안으려고 했던 그녀의 정치실험은 크나큰 오산(誤算)이었다.

화근을 남긴 대통령 선거 여론조작 의혹

2012년 한국의 대통령선거는 좌파-진보세력과 보수세력이 서로의 생존을 건 싸움이었다.

당초 좌파-진보계열에서는 민주통합당 문재인, 진보정의당 심상정, 통합진보당 이정희, 무소속 안철수 등이 입후보를 했으나 야당 측은 후보단일화를 추진하고 있었다.

12월 4일 대통령후보자들의 제1회 TV토론회가 열렸다. 박근혜는 문재인과의 후보 단일화를 추진하면서 토론회에 나온 이정희 후보에게 말했다. "후보 단일화를 한다면서 토론회에 나온 이유를 이해할 수 없습니다"라고 말하자 이정희는 "이것만 기억해 두세요. 나는 당신을 떨어뜨리기 위해서 나온 것입니다" 하며 적의를 드러냈다. 그리고 계속해서 말했다. "당신 아버지는 일본군 장교였습니다. 다카키 마사

오(高木正雄)는 박정희가 아닌가요. 피는 속이지 못하죠."

토론회 시청률은 34.9%를 기록하였다. 사실상 박근혜-문재인의 양자대결이 된 2012년 대통령선거는 최후 순간까지 결과를 예측할 수 없는 상황이 계속되었다.

투표일이 다가오면서 양 진영 모두 예기치 못한 실수가 있을까봐 전전긍긍 하던 중 "국가정보원(국정원)이 박근혜를 당선시키기 위해서 여론조작을 하고 있다. 박근혜 후보에게 투표하라는 '인터넷 댓글'을 조직적으로 대량으로 유포시키고 있다"는 내부고발이 문재인 진영에 난무하였다.

민주통합당(현 더불어민주당)이 의혹을 폭로 한 것은 12월 11일. 대통령선거를 불과 8일 앞둔 시점이었다.

정보제공자는 호남 출신 전직 국정원 간부였다. 나중에 밝혀지지만 국정원 내부에도 3명의 협력자가 있었다.

그 전직 간부는 국정원의 심리전 파트에서 '댓글'을 전문으로 하는 여직원의 신분을 밝혀내어 미행, 거주하는 서울 강남구 역삼동의 오피스텔을 확인한 후 지하주차장에 세워둔 여직원의 자가용에 일부러 접촉사고를 일으키는 방법으로 호수(號數)까지 알아내어 그 정보를 건넸다고 한다. 흡사 첩보영화의 비밀공작을 연상케 하는 장면이었다.

11일 밤 민주통합당 국회의원들은 취재진을 데리고 그 여직원의 오피스텔을 급습, 여직원이 도피 할 수 없도록 감금한 채 무려 35시간 동안 출입을 봉쇄하였다. 마스크로 얼굴을 가리고 출입문을 열려고 하는 여직원을 집 안으로 밀고 돌진하려는 국회의원들과 밀고 당기는 장면은 텔레비전으로 전국에 중계되어 유권자들을 시청케 하였다.

16일 밤, 문재인과 박근혜 후보의 마지막 TV방송 토론이 행해졌다. 박근혜는 "문 후보께서는 스스로 인권변호사로 이름을 날리는데 국정원 여직원의 오피스텔 급습사건에 대해서 한마디 사과의 말씀도 없다"고 하였다.
그러나 문재인은 "여성이든지 남성이든지 선거법을 위반했느냐 안 했느냐가 문제다"라고 답하였다.
TV토론이 끝나고 한 시간 후, 늦은 밤 경찰은 '댓글 사건'에 관한 중간 수사결과를 발표, (여성의 노트북에서는) 댓글 같은 흔적은 찾아 볼 수가 없었다." 라고 발표하였다.

좌파인 문 후보 진영에서는 박근혜의 당선이 확정된 이후에도 국정원장과 수사를 지휘한 경찰관계자 등을 선거법 위반 등으로 고발하고, 좌파 시민단체는 '박근혜 하야-퇴진운동'을 전개하였다.

'이 사건은 박근혜 정권이 출범 후에도 계속적으로 그 정당성에 의문을 품게 하는 빌미를 주었다.'(2017. 3. 10. 「한국일보』) 이 댓글사건은 박근혜 정권에게 그림자처럼 붙어 다녔다.

그 후 문 정권은 2017년 8월 댓글사건에 관련되었다고 의심받는 관련자 30여 명에 대한 재조사를 시작한다.

친북성향 현직 국회의원의 '내란' 음모

박근혜가 대통령에 취임한 2013년 북한은 한미연합훈련을 예년보다 더 맹렬하게 비난하는 태도를 취했다. 3월 30일 북한은 '정부-정당-단체 특별성명'을 발표하여 "이 시각부터 남북관계는 전시상황에 돌입한다"라고 선언. 남북의 화해와 협력을 상징하는 사업으로 김대중 전 대통령 시절에 만든 '개성공단'을 '가차없이 폐쇄한다'고 위협한 후 10일 후에 5만 명이 넘는 북한 근로자 전원을 공단 현장에서 철수시켰다.

새로 출발하는 박 정권을 흔들어보려는 노림수로 보였지만 박 대통령은 "(북측에서) 위기감을 부채질하며 위협해 오면 (우리는) 타협하고 지원하는 악순환을 반복해 왔다. 이제부터는 단호하게 그런 관습을 끊겠다"고 말했다.

그런데 7월에 들어서 북한이 개성공단 재개에 대하여

대화를 하고 싶다고 제안을 해 왔다. 북한이 꺾인 이유에 대하여 당시 한국 통일부 고위인사는 필자에게 "융통성 없는 박 대통령 성격상 한 번 아니다 라고 말하면 다시 번복하는 일이 없다는 것을 알았기 때문이 아닐까"라고 설명하였다.

남북의 긴장이 높아져 군사충돌이 우려되는 와중에 한국 내에서는 '내란'을 도모하는 집회가 비밀리에 열린 사실이 발각되었다.

국정원 관계자가 "현직 국회의원이 자신이 거느리고 있는 지하혁명조직원들(RO, Revolutionary Organization)에게 남북 사이에 전쟁이 발발할 경우 국내의 기간시설을 파괴할 준비를 하라고 지시하였다"라는 것을 밝혀낸 것이다.

국정원이 입수한 녹음기록에 의하면 5월 10일부터 12일 사이에 통합진보당(통진당) 소속 국회의원 이석기가 RO조직원 약 130명을 모아 놓고 다음과 같은 지시를 내렸다.

"전쟁이 발발하면 대한민국 체제를 전복시키고 자주적 민주정부를 수립하여 통일혁명을 완수해야 한다. 이를 위하여 수도권(서울) 지역에 있는 전화국 2곳을 공격하는 계획과 경기도 평택에 있는 유류저장소 등 주요 국가 기간시설을 공격할 수 있도록 준비하라. 사제폭탄을 언제라도 만들 수 있도록 인터넷에서 폭탄 제조 방법을 숙지하라."

집회에서 이석기는 "미 제국주의, 종파분자 등 북한식 언어를 많이 사용하면서 "지금 한반도 정세는 위기라면 위기이다. 위기라고 하지만 무엇이 위기인가 사실은 전쟁이다"라고 기세를 올리는 장면도 있었다.

이석기는 국회의원 특권을 십분 발휘하여 전력공급이 중단되었을 경우 방송통신의 대응방안, 사용후핵연료 처리 방법에 관한 연구 상황 등 국가 기밀자료를 관계기관에 제출하도록 요구해 열람하고 있었다.

이석기는 1990년대에 북한의 지시로 만들어진 대한민국 최대 규모의 친북 지하조직인 '민족민주혁명당' 지역간부를 지냈다. 2002년 5월에 체포돼 징역 2년 6개월의 실형판결을 받았지만 2003년 노무현 대통령의 특별사면을 받았다.

공안사건으로 구속된 범죄자에 대한 사면은 이례적이었는데 2년 후에는 피선거권도 회복됐다. 이는 노무현 정권의

대통령 비서실장이었던 문재인의 역할이었다고 한다.

국정원이 이석기에 대한 내사를 시작한 것은 이명박 대통령 시절인 2010년 이었지만 야당의 반발도 우려되었고 결정적인 증거가 없었으므로 이석기가 국회의원이 되는 것을 두고 볼 수 밖에 없었다.

박근혜가 대통령이 된 후 국정원은 도청을 허가받아 RO에 대한 수사망을 좁혀갔다.

국정원과 검찰이 조사에 나선 것은 8월 28일. RO 간부 및 통진당 관계자의 가택수색에 들어간 것이다.

박근혜가 이석기 체포동의안에 서명한 것은 9월 2일. 국회에서 투표결과 압도적 찬성으로 가결되었다.

좌파 척결에 나선 박근혜는 이미 '루비콘 강을 건너고 있었던 것'이다.

'종북'세력 척결에 강경 대응

내란을 선동한 극좌파정당인 통합진보당 이석기 의원에 대한 체포동의안에 야당의 중진이었던 문재인을 포함한 거의 10%가 반대 또는 기권을 했다.

통진당 대표 이정희는 항의단식을 시작했지만 박근혜는 '종북세력'을 "대한민국을 갉아먹는 암적인 존재로 규정, 빨리 도려낼 필요가 있다"며 단호한 자세를 보였고 통진당 해산청구에도 서명했다.

"통진당의 강령은 당내 핵심세력, 지하혁명조직(RO)이 내란을 꾀한 것에서도 볼 수 있듯이 북한(북조선)의 대남혁명전략을 추종하는 것이다. 즉 '종북'세력이 명확하다"라는 것이 주된 이유였다.

이정희는 박근혜 퇴진운동을 전개한다고 선언했다. 이씨의 선언에 맨 먼저 호응하고, 지원사격을 한 것은 민노총

(전국민주노동조합총연맹)이었다.

민노총은 한국프레스센터에서 기자회견을 열어 "박 정권은 민주 진보세력에 대한 탄압을 즉각 중단하라. 통진당에 '종북' 굴레를 씌워 탄압에 성공하면 노동자의 권리를 주장하는 노동조합, 민주와 진보를 주장하는 시민을 탄압의 대상으로 할 것이다"고 성명을 발표했다.

민노총이 격렬하게 반발하는 데는 이유가 있다. 통진당은 김대중 정부 시절인 2000년에 발족한 '민주노동당'을 뿌리로 하는 정당인데 민주노동당의 모체가 된 것이 민노총의 산하조직이었다.

한국에서 아른바 '진보'라고 자처하는 정당은 예외 없이 민노총과 서로 협력하는 관계에 있다. 이석기가 우리들 마음속의 동지들(2012년 4월 20일 그의 트위터) 이라고 부른 '한국진보연대'도 그렇다.

진보연대의 정체성에 대하여 조선일보의 전직 기자는 이렇게 설명한다.

"국가보안법 철폐, 미군철수, (북한과의) 평화협정 체결, 연방제통일을 주도해온 단체이다. 그들이 말하는 연방제통일은 한마디로 말한다면 북한에 의한 흡수통일이다. 이 단체는 연간 800회 이상의 집회와 시위, 기자회견을 여는 정치투쟁을 전문으로 하는 조직이기도 하다."

민노총은 이러한 '진보정당' 시민단체의 요새이다. 그 산하에는 수천 명이 넘는 대형 방송사 기자, 신문 기자, 편집자 등으로 이루어진 언론노조, 7만 명 넘게 가입된 초·중·고교 교사들 단체인 전국교직원노동조합(전교조), 15만 명의 공무원노조를 포함하여 73만여 명의 조합원을 둔 거대 조직이기도 하다.

대통령에 취임한 박근혜는 '용감하게도' 제일 먼저 민노총과의 전쟁을 선포했던 것이다.

이석기 검거에 이어 곧바로 민노총의 핵심조직인 전교조를 법외노조로 지정, 전교조의 불법시위에 강력히 대처하는 태도를 보였다.

박근혜 정권에서 정무수석 비서관을 지낸 박준우 씨에

의하면 2013년 여당의원과의 만찬에서 박근혜는 다음과 같이 말했다고 한다.

"이명박 전 대통령이 좌파를 적발하거나 척결하지 않아서 나라가 이 모양으로 되었다."

같은 무렵 민노총에서 격렬한 시가행진을 감행. 대규모 파업에 들어갔지만 박근혜는 5천 명 이상의 경찰을 동원하여 파업을 주도한 민노총 간부의 강제구인에 나섰다.

헌법재판소가 통합진보당 해산결정을 내린 것은 박근혜가 대통령 당선 2주년을 맞이한 2014년 12월 19일이었다.

그 다음날 박근혜는 "(통합진보당을 해산 시킨 것은) 민주주의를 확고하게 지켜준 역사적 결정이었다"라고 소회(所懷)를 밝혔다. 그러나 '종북 세력'은 그것으로 완전히 정리된 것은 아니었다.

아이러니하게도 그 결정이 있은 2년 3개월 후에 박근혜는 같은 헌법재판소에서 파면을 선고받게 된다.

'세월호 사고'의 초기 대응에 실패

　박근혜 정부가 좌파와의 전쟁에서 기선을 제압했다고 생각한 2014년 4월 16일 예기치 못한 사고가 정권을 덮쳤다.
　300명이 넘는 희생자를 내어 세계를 놀라게 한 여객선 세월호의 침몰 사고였다. 박근혜의 도덕성에 치명타가 되고 무능함을 드러내는 계기가 된 이 사고는 지금도 불분명한 부분이 많다.
　사고로부터 약 8개월 후에 한국해양안전심판원 특별조사부에서 발표한 〈특별조사보고서〉에 의하면 2014년 4월 15일 오후9시 단원고 수학여행 학생 등 500명 가까운 승객을 태우고 인천항에서 제주도로 향하던 세월호는 16일 오전 10시 34분 완전히 침몰되었다. 선박을 (제멋대로) 개조했기 때문에 복원성(평형을 유지하는 능력)이 약해진 것. 화물을 규정의 두 배 이상 실으면서도 제대로 고정하지 않은 것.

조타수의 실수가 합쳐져 생긴 사고라고 결론 지었다.

잠수사 자격증을 지녔고 바다에 정통한 「월간조선」 기자를 지낸 이동욱 씨가 반년에 걸친 치밀한 취재 결과를 근거로 쓴 책에서 사고는 조타수의 연속 변침(침로를 5도씩 2회 변경)한 것이 원인이 되어 배가 기울기 시작했다고 단정짓고 있다.

50만 자가 넘는 조사보고서인 『연속변침』을 쓴 이 기자는 "사고는 유감스럽게도 4월 16일 10시34분에 끝났다. 그런데도 이렇게 오랜세월 끈질기게 계속 될 줄 상상도 못했다"라고 말한다.

사고는 마치 박근혜의 탓으로 일어나서 대응을 잘못했기 때문에 생명을 잃게 된 것 같은 '인상'으로 각인시켜 버렸다. 그것은 정권이 언론을 장악하는데 실패한데다가 아마추어 대응으로 일관했기 때문이다.

사고 1개월 후, 박근혜는 〈세월호 관련 대국민담화〉를 발표했다.

신문-방송에 나타난 국민의 분노가 정부를 향하고 있는데 박근혜는 TV카메라 앞에서 눈물을 흘리며 이렇게 사죄했다.

"이 사고로 고귀한 희생이 헛되지 않도록 대한민국이 다시 태어나는 계기로 삼고 싶다. 사고 직후 적극적으로 인명

구조를 펼쳤다면 희생을 크게 줄일 수 있었다. 해경(해양경찰)의 구조는 실패했다."

당시 신문-방송의 비판은 해경의 구조 활동이나 조직에 집중되었다. 박근혜는 여론에 영합하여 해경을 지켜주지 않았다. 이것이 돌이킬 수 없는 실수가 되었다.

보고서 등에 의하면 당시 해경은 구조신호를 받고 30분 만에 사고현장에 달려가서 40여 분간 172명을 구조했다. 선진국 사례에 비추어보더라도 칭찬받을만한 대응이었지만 신문-방송 모두 "어째서 전원 구출을 하지 못했는가" 하고 비난했다.

구조선이 도착했을 때 배는 이미 60도 이상 기울어져 있었고, 선장과 선원이 이미 탈출했기 때문에 선내와 연락도

되지 않았다. 몇 명이 어느 쪽에 남아 있는지 파악할 수는 더더욱 없는 상황이었다.

172명을 구조하는 동안 배가 뒤집혀 바로 침몰되었다. 전문가에 의하면 해경이 달려간 시점에서 이미 선내 진입은 불가능했다. 해경의 헬리콥터가 2시간 늦었다는 보도도 오보였다는 것은 곧바로 판명되었지만 신문-방송은 분노의 분출구를 찾는 유족과 함께 정부의 모든 대응에 트집을 잡고 국민감정을 부채질했다.

애당초 10시 34분에 사태는 결말이 나 있었다. 그후는 전혀 손을 쓸 수 없는 상황이었음에도 불구하고, "정확하게 대응했다면 보다 많은 인명을 구할 수 있었다"며 대통령이 담화를 발표한 것이 오히려 정부에 대한 비판을 더욱 가중시켰다.

박근혜 정권 말기에 비서관을 지낸 고위공무원은 필자에게 "대통령도 보좌진, 비서들도 신문-방송 보도에 당황했다. 조사결과가 나오기 전에 '해경해체'를 결정한 것이 결정적인 실수였다. 그래서 모두가 사고책임은 정부에 있다고 확신했을 것이다"라고 뉘우치는 듯 말했다.

초동의 늦장 구조는 박근혜의 '세월호 7시간'이라는 좋은 공격소재를 만들어냈다. 대통령의 자질을 의심하는 소리가 커지고, 박근혜는 좌파와의 싸움에서 수세로 몰리게 되었다.

'세월호 7시간' 침묵의 대가

세월호 침몰사건은 박근혜 지도력에 결정적인 타격을 주었다. 박근혜의 사고당일 행적이 추궁되기 시작한 것은 사고가 일어나고 3개월이 지난 2014년 7월이었다.

국회에 불려나간 김기춘 대통령 비서실장은 야당의원으로부터 "그날 대통령은 어디에서 무엇을 하고 있었는가" 라는 질문에 "대통령이 어디에 있었는지 정확히는 모른다" 라고 대답했다. 국가적 대참사가 생겼는데 비서실장이 대통령의 소재조차 파악하지 못하고 있었다는 답변은 세상을 깜짝 놀라게 했다. 측근조차 멀리하는 박근혜의 정치스타일이 엿보였다.

TV화면을 통해 이 장면을 지켜본 유족, 시민단체는 대통령 측의 해명을 촉구했지만 청와대는 대통령 동정(動靜)은 국가기밀에 속하는 것이라고 했다가 비난이 높아지자 조금씩 정보를 흘리면서 한발 물러서는 모습을 보였다.

사고 당일 박 대통령이 "한 사람의 인명피해가 없도록 최선을 다하라"고 지시를 내린 것은 오전 10시 15분. 중앙재해대책본부를 찾은 것은 오후 5시 15분이었다. "7시간 동안 대통령은 아무런 조치를 취하지 않았을 뿐 아니라 세상에 알려져서는 곤란한 일을 하고 있었던 것이 아닐까"라고 신문-방송이 앞다투어 의문을 제기했다.

7월 18일 조선일보는 '대통령을 둘러싼 풍문'이라는 칼럼에서 이렇게 썼다. "세간에는 '대통령이 모처에서 비선과 함께 있었다' 칼럼은 이어서 박근혜와 함께 있었던 비선은 최태민의 사위이자 박근혜의 비서로 7년간 일했던 정윤회(鄭潤會)였다는 소문이 있다."

8월 3일 일본 「산케이」신문(産經新聞) 뉴스판에 (당시) 서울지국장 가토 다츠야(加藤達也)의 칼럼-'박근혜 대통령〈세월호 사고 당일 행방불명〉누구와 만나고 있었는가?'가 게재되었다.

조선일보 칼럼을 인용한 가토는 기사에서 "남성과 함께

있었다는 소문이 나도는 것은 박근혜 개인의 신뢰 붕괴로 연결되고 '레임덕'이 착착 진행되고 있다는 증거이다."

이는 기자로서 통상적인 논평의 범위였지만 한국 우익단체는 "대통령의 명예에 상처를 냈다"고 가토를 고발했다. 출국금지 조치를 받은 가토 기자는 검찰조사를 세 차례나 받았다. 검찰 권력을 이용해서 기자를 압박하는 한국정부를 미국 국무성 등 서구의 언론들이 강하게 비판했지만 박근혜의 침묵은 계속되었다. 검찰은 박근혜 대통령의 복심을 헤아려 소송을 진행할 수밖에 없었다.

그로부터 6개월 후 법원은 가토 기자에게 무죄판결을 내렸다. 당시 대통령 비서실에서 근무했던 고위공무원은 최근 필자에게 "독신 여성 대통령에게 '남녀관계'라는 뉘앙스를 풍기게 하는 언어를 사용한 게 문제였다"라며 말끝을 흐렸다.

박근혜의 '세월호 7시간'은 지금도 불분명한 부분이 남아있다. 2017년 2월 세월호 사고를 특집으로 다룬 「월간조선」에는 박근혜와 친했던 국회의원의 발언이 실려 있다.

기자 왜, 대통령은 7시간에 대해서 밝히지 않고 있는가?
국회의원 대통령은 몸이 별로 좋지 않다. 신장기능(腎臟機能)이 저하되어 금방 피로를 느끼기 때문에 영양주사를 맞을 때도 있다. 대통령은 얼굴 바깥쪽에 70바늘을 꿰맸다

(2006년 선거유세 중에 괴한으로부터 면도칼로 얼굴을 공격당한 사건). 안면 근육이 찢어져서 후유증도 있는데 견디고 있는 것이다.

침몰사고에 더해서 '세월호 7시간'을 에워싼 대응은 박근혜의 정치적 고독을 백일하에 드러내는 계기가 됐다.

고고함을 지향하다 국민들과 지지자들로부터 외면 받아

　세월호 사고 대응을 둘러싼 박근혜 정권에 대한 비판이 고조되는 와중에 정권 초기부터 박근혜와 함께 해오던 정홍원 국무총리가 사의를 표했다. 취임 후 불과 1년 2개월만의 사임은 박근혜에게는 큰 타격이었다. 박근혜는 국면돌파를 하기위해 개각을 통해 인적쇄신을 단행하고자 했으나 난항을 거듭하다 정 총리는 사의를 표명한지 1년을 더 유임하게 된다.
　2014년 5월 22일 박근혜는 '국민검사'로 알려진 대법원 대법관 출신 안대희를 국무총리 후보자로 지명했다. 안은 대검찰청 중앙수사본부장 재임 때인 2003년 당시 노무현 대통령 측근들의 뇌물사건을 철저히 수사하여 유죄판결을 받게 하였다.
　그러나 당시 야당(더불어민주당)은 안대희가 대법원 판사

퇴임후 변호사로 개업한지 불과 5개월 만에 16억 원의 수입을 올린 것이 '전관예우'(관료 재임시의 지위를 이용해서 이익을 챙기는 관례)에 해당한다며 갑자기 공격을 하기 시작했다.

세월호 사고 후 인허가권 등을 이용해서 기업으로부터 수뢰 받는 공무원의 부정이 연일 신문-방송에 등장하여 '관피아'(관료+마피아의 신조어) 라는 말이 생겨날 정도였다.
  그 후 부동산 등기 의혹도 언론에 폭로되어 공격을 받았는데 박근혜는 침묵으로 일관한 채 안을 적극적으로 보호하지 않았다. 안대희는 총리 후보로 지명된지 일주일 만에 사퇴하게 된다.

그 후 6월 10일, 박근혜는 문창극을 총리 후보로 지명했다. 그렇지만 서장(序章)에서 언급한대로 공영방송 KBS가 다음날 9시 뉴스에서 2011년 교회에서 한 연설 중 '친일' '민족모욕' 발언을 했다는 등 특종보도를 했다. 문창극이 "조선민족은 게을러서 자립심이 부족하다. 이것은 DNA문제이다. 한국이 일본의 식민지로 된 것은 하나님의 뜻이었다"라고 말했다는 것이다. 한일문제를 연구하는 서울대 교수는 필자에게 이렇게 말했다.
  "보도는 확실히 악의적으로 편집된 것이었다. 90분 넘는 강연 내용은 '하나님이 우리에게 시련을 주기 위해 고통을 주셨다. 좀 더 노력해야 한다' 라는 취지였지만, 오해를 살 수 있는 부분만 빼내어 보도했다."

항간에서는 박근혜가 문창극을 KBS 이사장에 임명하려 한다는 소문이 나돌고 있었고 그로 인해 좌파인 '언론노조' 가 사전에 문창극에 대한 공격 자료로 이용하기 위해 준비해둔 것이라고 한다.

박근혜는 이번만은 정면 돌파를 시도했다. 박근혜는 6월 13일 개각개편 명단을 발표, 문창극 후보 지명자에 대한 인사 청문 요청서와 임명동의안을 국회에 제출할 준비를 하였다. 그러나 야당인 더불어민주당은 '대국민선전포고' 라며 반발, 원내대표인 박영선은 "총리 후보 등의 역사인식은 매우 심각하다. 일본 아베내각(安倍內閣)이 아닌가 의심할 정도이다" 라고 비난했다.

결국 문창극도 국회 청문회에 나가지 못하고 같은 달 24일 사퇴를 표명하며 이는 박 대통령의 뜻이기도 하다고 말했다.

한 보수언론인은 "언론의 선동에 한마디 저항도 하지 않은 박근혜 대통령의 지도력과 인격에 심각한 의문을 가지지 않을 수 없게 되었다" 라고 비판하며, "언론에 영합해서 문창극을 지켜내지 못한 박근혜는 그 대가를 치르게 될 것이다"라고 경고했다.

경고는 사실로 확인되었다. 국무총리 인사를 관철시키지 못하여 주변은 충성심만 가진 '인재'가 차지하게 된다. 몸을 던져 대통령에게 충고하는 참모가 없어지게 되었고, 이때부터 대통령은 국정을 비선에 의지하고 있다는 소문이 꼬리를 물게 되었다.

대통령의 친척이나 측근들이 권력을 독점하여 타락하는 것을 본 박 대통령은 남동생과 여동생도 멀리했다. 그러나 고고(孤高)함을 지향하는 여성대통령은 국민에게도, 지인들에게도 외면받아 정쟁(政爭)에서 싸워 이길 수 있는 기반을 잃어갔다.

앞에서도 언급했듯이 박근혜는 2017년 10월 15~16일 공판에서 "법치의 이름을 빙자한 정치 보복은 내가 마지막이길 바란다"고 말했다. 박근혜의 인생은 보수와 좌파로 분열된 대한민국에 의해 계속 능욕(凌辱)을 당하고 있다.

제4장 |
적폐에 집착하는 역대 좌파 정권

'적폐 청산'이라는 이름으로 '법치 파괴'

'적폐 청산'이라는 미명 아래, 점령군처럼 국가 기밀에 접근해 표적을 정하고 과거를 다시 문제 삼는다. 그것을 근거로 검찰에 수사를 지시하고 이를 집행하는 사태가 발생하고 있다.

2017년 11월 27일 국회 정론관의 기자회견장에 나타난 심재철 국회부의장은 심각한 표정으로 이렇게 말했다. 심재철은 "대통령 문재인, 대통령 비서실장 임종석, 국가정보원장 서훈, 서울중앙지검장 윤석열(현 검찰총장)을 법치파괴 등의 '국가 내란죄'로 형사고발을 해야 한다"고 밝혔다.

심재철은 대학 재학 중이었던 1980년 5월 서울대 총학생회 회장으로 전두환의 군사정권에 반대하는 시위를 주도했다는 이유로 체포되어 구속된 뒤 1990년대에 전향했다.

2000년에 한나라당 국회의원에 입후보하고 5선을 한 중진 의원이다.

심재철은 정부의 각 부처에 각종 '과거사진상조사위원회'가 구성되어 적법한 절차 없이 청와대를 비롯한 국정원의 기밀정보까지 마구 뒤지고 있다고 비판하며 이렇게 말했다.

"문 정권의 법치 파괴를 더 이상 묵인할 수 없다."

여당인 더불어민주당은 "(박근혜 전 대통령의) 탄핵에 불만을 품고 문 대통령을 인정하지 않는 오만 불손한 행위이다"라며 즉각 반발, 심재철에게 국회부의장 사퇴와 사과를 요구했다. 심재철은 이런 비난에 대해 다음과 같은 성명을 냈다.

"여당은 나의 진의를 왜곡해서는 안 된다. 문재인의 6개월 동안의 국정 운영을 살펴본다면 내란죄에서 자유로울 수 없다."

구속 중인 전임 대통령 박근혜에 대한 재판을 매주 4회씩 6개월 동안 공판이 열렸다. 변호인이 재판 진행 방식에 항의해 사임하는 등 저항했으나 오히려 박근혜의 구속은 6개월 더 연장되었다.

박근혜의 재판을 한 번도 빠지지 않고 방청한 「월간조

선」 기자를 지낸 우종창은 이렇게 말했다.

"명백하게 헌법·형법을 위반하고 있다. 무죄 추정의 원칙에도 어긋나는 부당한 구속이다. 이 정권에서 우리 국민 중의 어떤 사람이라도 집권세력의 표적이 되면 누구나 언제든지 체포되어 증거가 갖춰질 때까지 감금될 것이다."

문재인 정권에서 구속된 것은 전 대통령인 박근혜 뿐만이 아니다. 삼성그룹의 사실상의 오너인 이재용, 박근혜 대통령의 비서실장 김기춘과 주일 한국대사와 국정원장 등을 지낸 이병기 등이다.

이병기는 2015년 위안부 문제를 둘러싼 한일협정 체결을 주도했던 인물로 알려졌지만 국정원장 시절 '특수활동비'를 청와대에 '상납' 했다는 혐의를 받고 있다.

한국 정부의 특수 활동비는 약 9천억 원. 그 중 절반은 국정원에 배분된다. 그러나 그동안 특수 활동비를 놓고 국정원장이 죄를 뒤집어 쓴 적은 없었다.

노무현 정권 시절이었던 2007년 7월 한국 정부는 이슬람 원리주의 세력인 탈레반에 인질로 잡혔던 23명(두 사람은 살해 당했다)을 석방시키기 위해 2천만 달러를 특수 활동비에서 썼다.

사실 국정원이 실제로 인출한 금액은 3천만 달러. 중앙일보(2007년 11월 6일자)에 의하면 그 중 1천만 달러는 그해

10월에 열린 남북 정상회담의 대가로 북한에 전달됐다.

그러나 이 1천만 달러에 관해서 추궁은커녕 진실화해를 위한 과거사 정리위원회의 조사 대상에서조차 제외되었다. 당시 정상회담 준비위원장은 대통령 비서실장인 문재인이었다.

야당인 자유한국당은 문 정권이 현재 하고 있는 것은 "노무현의 자살에 대한 정치적 보복, 보수 궤멸 작전이다"라고 비판한다.

정치목적으로 10억 원의 국고금을 불법으로 사용했다는 이유로 10월에 구속된 국정원 요원은 체포되기 직전 언론에 다음과 같이 말했다.

"적폐 청산 구실로 만들어진 민간인으로 구성된 국정원 개혁위원회는 국정원의 메인 서버를 열어 보고 있다. 메인 서버에는 국정원의 모든 정보활동에 관한 문서가 들어 있다. 과거 어느 정권도 지난 정권에 대한 보복을 이렇게까지 하지는 않았었다."

야당의원 중 한 명은 심각한 표정으로 필자에게 이렇게 말했다.

"한국은 완전히 종북좌파의 세상이 되고 말았다. 문 정권이 이런 무리수를 두는 것은 보수우파의 재기(再起)를 봉쇄하고 좌파정권을 계속 유지하기 위해서다. 적폐 청산의 각종 위원회에는 종북세력으로 분류되는 사람들도 포함되어있다. 사태는 매우 심각하다."

한일 정부간 합의도 처벌 대상으로

　여당인 더불어민주당은 2017년 11월, 철저한 조사가 필요한 '적폐 청산 리스트 73건'을 문서로 만들어 소속 의원들 121명에게 회람시켰다.
　연합뉴스에 따르면 청산해야 할 적폐대상에는 위안부 문제를 둘러싼 한일합의도 포함되었다. 이러한 '적폐'는 외통부 안에 설치된 특별위원회의 활동 결과를 토대로 관련자를 '처벌'한다고 한다.
　야당의원 중 한 명은 "혁명 정권을 자칭하는 문재인 정권은 이명박·박근혜 정부의 '부정'을 색출, 수모를 안겨주어 보수 세력이 재기하지 못하도록 할 속셈이다. 노무현, 김대중의 좌파정권 문제에 대해서는 외면한 채 말이다"라고 말했다.
　보수 논객인 조갑제는 "한국에서 벌어지고 있는 현상을

중국의 문화대혁명에 비유하며 문 대통령을 지지하는 '운동권' 세력을 '홍위병'이라고 부른다"고 말했다.

1966년에 시작되어 10여 년 동안 계속된 중국의 문화대혁명의 광풍 속에서 중·고등학생들로 구성된 '홍위병'은 국가 주석, 류사오치(劉少奇)를 비롯한 수많은 공산당 간부들을 붙잡아 시내를 끌고 다니며 때려죽이기까지 했다. 정권의 각 부서에는 최고 지도자 마오쩌둥(모택동, 毛澤東)의 비호를 받는 '혁명위원회'라 불리는 조직이 상주해 무자비한 숙청을 감행했던 것이다.

펜앤드마이크 대표인 정규재 씨는 "문 정권이 추진하는 '적폐 청산'은 부패를 일소하고 정의를 실현하기 위하는 것이 아니다"라고 단언한다.

11월 11일 한국 검찰은 이명박·박근혜 정권에서 국방장관을 역임하고 나중에 청와대 국가안보실장을 지낸 김관진을 구속했다. 2012년 대선 기간 중, 박근혜에게 유리한 여론을 조성하기 위한 사이버사령부 산하 530심리전단에 '댓글' 공작을 지시했다는 혐의였다. 자유한국당 원내대표인 정우택 의원은 이렇게 말했다.

"그는 북한이 가장 두려워하는 군인이었다. 김관진 국방장관이 사이버사령부를 대폭 강화한 것은 당시 북한이 사이버 요원 3만 명을 육성했기 때문이었다."

2015년 한국쪽 휴전선에 북한이 지뢰를 매설해 한국군 병사 두 명이 크게 다치는 사건이 일어났을 때 김관진은 대북 확성기 방송을 재개하라고 명령했다. 김관진을 싫어하는 북한은 맹견이 김관진 모형(模型)을 물어뜯는 영상을 TV를 통해 방송했다.

중앙일보는 "김일성·김정일을 통틀어 김관진만큼 북한 지도자들에게 스트레스를 준 국방장관은 없었다. 그런 사람이 구속됐다. 김정은이 쾌재를 부를 것이다."(2011. 11 13.)라며 말을 이어갔다.

"벌은 죄의 무게에 비례해야 비로소 정의가 된다. 정의가 지나치면 잔인해진다. 김관진을 감방에 보낸 진짜 이유가 이명박 전 대통령을 구속하기 위한 것이었다면 정치 보복이요, 표적 수사라는 비판을 받아도 할 말이 없을 것이다."

김관진이 구속된 다음날 이명박 전 대통령은 이렇게 말했다.

"'적폐 청산'이라는 미명하에 지금하고 있는 일이 (문재인의) 분풀이인지 그것도 아니면 정치 보복인지 의심하게 된다."

이명박의 측근으로 알려진 전직 고위인사는 "집권한지 6개월 밖에 안 된 이들이 이명박 전 대통령을 안다고 해도 한계가 있다. 우리들은 5년 넘게 정권을 가졌었다. 우리 쪽이 노무현 정권에 대해 알고 있는 것이 많다. (중략) 먼저 싸움을 걸 생각은 없지만 검찰이 무리하게 수사를 한다면 대응할 수밖에 없다"고 말했다.

이들의 발언 이후 일주일 뒤 김관진은 보석으로 석방되었다.

한국의 좌파와 우파의 대결은 어제오늘 일이 아니다. 그 뿌리는 김대중이라는 좌파·진보 세력의 원조(元祖)로 거슬러 올라간다.

김대중 비자금 3천억 원

한국 검찰이 이명박·박근혜 정부 시절의 고위 관리들을 차례로 체포하던 2017년 12월 8일 김대중 정부(1998~2003년)에서 국가정보원 2차장(대통령이 임명하는 차관급)을 지냈던 김은성은 지난 좌파 정권에 얽힌 전대미문의 스캔들을 폭로했다.

김은성은 김대중 정부시절인 2001년 당시 국정원장 신건의 지시로 6개의 시중 은행으로부터 총 3천억 원의 비자금을 마련했는데 그 돈이 어디에 쓰였는지 모른다고 밝힌 것이다. 김은성에 의하면 3천억 원의 지시를 내린 것은 청와대였다. 그의 증언은 상당히 구체적이었다.

"2001년 상반기 어느 날이었다. 신 원장이 청와대에서 주례 보고를 마친 뒤인 오후 3시 반에서 4시 사이에 나에게 전화를 걸어왔습니다. '시중 은행을 동원해 3천억 원을 준비하라. 청와대 회의에서 결정된 일이다'라는 지시였습니다."

 김은성에 의하면 당초 국정원은 시중 은행 한 곳에서 3천억 원을 마련하려 했으나 한 은행에서 각출한다는건 어렵다는 것을 깨닫고 6개의 은행에서 모으기로 했다.
 김은성은 곧바로 요원을 모 은행에 파견했다. 그러나 은행장은 한 은행에서 동원할 수 있는 액수로는 너무 크다며 난색을 표했다. "이 일은 청와대의 지시다"라고 전하니 6개의 은행에서 500억 원씩 빌릴 수 있도록 주선해 주었다고 한다.
 청와대에서 돌아온 신건에게 김은성은 "은행 측에서 (돈을) 받으러 올 것이냐고 물었습니다만…"이라고 묻자 신건은 "청와대가 알아서 하겠지. 우리가 할 수 있는 일은 여기까지다"라고 대답했다.

 며칠 후 김은성은 서울 한복판 광화문 근처에 있는 레스토랑에서 이 일을 맡은 핵심인사인 김대중의 측근을 만나 다음과 같은 대화를 나눴다고 한다.
김은성 "집권 후반기에 은행에서 그런 거액을 찾으면 정치문제가 된다. 6개 은행이 관여되어 있으므로 비밀 유지도 어렵다. 은행장 아래 실무진들도 알게 될 것이다."
측근 "나 혼자 한 일이 아니다."

김은성 "김 대통령도 아는 일인가(대통령의 지시인가)?"
측근 "…."

최대의 의문은 김대중 정권이 '3천억 원을 어디에 썼는가'이다. 김은성을 인터뷰한 「주간동아」는 다음과 같이 보도했다. '3천억 원을 마련하기 1년 전, 김대중 정권이 남북 정상회담(2000. 6.)을 위해 약 5천억 원을 마련했다는 사실을 생각하면 3천억 원도 북한과 관련된 돈이 아닌가 하는 추측이 가능하다.'

2001년 당시 김대중 정권은 대북유화정책에 애를 태우고 있었다. 김대중 정권 말기에 한국산업은행 총재를 지냈던 엄낙용은 회고록에서 "당시(2001년 경) 김대중 정부는 재벌 기업인 S그룹에도 대북사업에 참여하라며 압박했다고 들었다"라고 말했다.

김은성이 비자금 의혹을 폭로한 지 열흘 가까이 지났지만 한국의 주요 언론들은 모두 침묵했고 야당 또한 문제 제기를 하지 않았다. 한국의 언론 사정에 밝은 대학교수는 익명을 조건으로 이렇게 말했다.

"한국에는 2만 명 가량의 기자가 있지만 대부분 좌파 성향의 언론노동조합연합회(언노련) 조합원으로 이 노조에 의해 좌지우지 되고 있습니다. 김대중이라는 이름을 거론하고 싶지 않았을 것입니다."

친북 정권의 뿌리는 김대중

한국의 종북좌파 세력은 그동안 이합집산을 거듭하며 당명 등을 바꿔왔기에 이념이나 주의·주장만으로 그 계보를 거슬러 올라가는 것은 어렵지만, 오늘날의 집권 여당인 '더불어민주당'의 뿌리가 김대중(1924~2009)에 있음은 틀림없다.

김대중만큼 한국인에게 미움을 받은 동시에 사랑을 받은 정치인은 없다. 독재 권력과 싸운 민주화 투사로 칭송받는가 하면 '대통령병 환자'라는 별명처럼 권력의 망자(亡子)였다는 비판도 끊이지 않는다. 김대중을 지지 하느냐 안하느냐는 한국에서는 좌파나 우파, 진보와 보수로 구분하는 시금석이기도 하다.

전라도 출신인 김대중이 정치세계에 발을 들여 놓은 것은 휴전 이듬해인 1954년이다. 이후 여러 차례 국회의원 선거에서 낙선하는 등 우여곡절을 겪고, 1963년 선거에서 겨우 국회의원 자리를 손에 넣었다.

1971년 대통령선거에 출마했던 김대중은 당시로는 상상도 할 수 없는 선거공약을 내놓았다. 북한과 교류를 시작하고 향토예비군을 폐지하는 것, 대중이 참여하는 복지 분배 정책을 펴겠다는 내용이었다.

동서냉전의 한가운데서 북한을 옹호하는 듯한 발언을 서슴치 않는 김대중에게 '빨갱이' 낙인이 찍힌 것도 이때부터다.

대선 때 그는 박정희와 치열한 경합을 벌였다. 두 사람의 싸움은 김대중의 출신지인 호남지역과 박정희의 출신지인 영남지역의 지역 대결로 이어졌고, 이 선거를 계기로 호남지역은 좌파·진보, 영남지역은 우파·보수의 아성이 되어 지역 간 대립은 좌파와 우파의 대립으로 발전하게 되었다.

재선에 성공한 박정희는 이듬해 10월 비상계엄령을 발령, 국회를 해산하고 헌법을 정지하는 것을 골자로 하는 '대통령 특별 선언', 이른바 '10월 유신(維新)'을 발표했다.

1973년 교통사고 후유증 치료를 위해 일본을 방문 중이었던 김대중은 박정희 정권을 비난하는 기자회견을 도쿄에서 가진 뒤 미국 망명을 결심한다.

1973년 7월 김대중은 워싱턴에서 한국민주회복통일촉

진국민회의(한민통, 1978년에 한국에서 반국가 단체로 지정)를 결성, 8월에는 일본을 방문해 일본지부를 결성했다.

김대중의 비자금을 계속 추적한 언론인 손충무(孫忠武)는 이 시기를 전후로 김대중은 북한으로부터 비밀리에 자금을 제공받아 국외 친북단체 및 인물들과의 연계를 강화했다고 증언했다.

김일성과 친밀한 관계를 맺고 있었던 음악가 윤이상 등과도 연대했다는 것이다. 김대중이 국외에서 했던 민주화 투쟁의 실체에 대해서는 베일에 싸인 부분이 많다. 진상은 북한 자료가 공개될때까지 기다려야 할 것이다.

1973년 8월 김대중은 동경의 호텔에서 납치됐다. 소위 '김대중 납치사건'이다.

일단은 죽음의 구렁텅이로 몰렸다가 생환한 이 사건으로 인해 김대중은 순식간에 '독재 정권과 싸우는 불굴의 투사'로 명성을 떨쳤다.

박정희의 측근이자 사정비서관으로 일했던 동훈은 필자에게 이렇게 증언했다.

"박 대통령은 납치 사건에 관여하지 않았다. 부하의 단순한 충성경쟁에 의한 것이었다. 대통령은 우리에게 '쓸데없는 짓을 해서 그를 유명하게 만들었다'고 말씀하신 적이 있다."

그후 정치적으로 파란만장한 숱한 역경을 겪은 김대중은 1987년과 1992년 대통령선거에 새로운 당을 만들어 도전하지만 낙선했다.

"나는 오늘로 국회의원직을 사퇴하고 평범한 시민으로 돌아가겠다"고 정계은퇴를 선언했다.

그런데 1997년 은퇴 선언을 번복하고 4번째로 대선에 도전해 당선되었다. 이때에는 정치생명을 걸고 싸워온 박정희의 지지 세력과 손을 잡아, 연립정권수립(DJP연합)을 제안하여 목적을 달성했다.

남한에 종북좌파 세력이 당당하게 설치고 다니게 된 것은 이후의 일이다.

북의 공작이 부추긴 '남남' 갈등

한국의 시민단체들이 친북 성향으로 기울면서 '좌파'로 변질된 것은 북한 공작 영향이 크게 작용했다. 북한의 대남 전략의 기본은 '남남갈등(한국인끼리의 갈등, 정부와 시민단체의 갈등)'을 유발하고 결정적인 시기에 단번에 남한을 집어삼키는 것이다.

이 목적을 달성하기 위해 북한은 한국의 민주화운동을 적극적으로 지지하고 지원했다. 시민단체들은 북한의 지원을 투쟁의 동력으로 삼았다. 양자(兩者)는 상부상조 관계에 있었고, 김대중은 이들이 의지할 수 있는 존재였다.

북한이 기다리던 결정적 시기는 의외로 싱겁게 찾아왔다. 1979년 10월 26일, 16년 동안 절대 권력을 쥐고 있던 박정희 대통령이 부하였던 중앙정보부 부장인 김재규에 의해 암살당했다.

남북한 체제 경쟁에서 북한의 패색이 짙었던 1970년대 말, 북한의 대남공작은 더욱 대담해졌다. 비밀리에 대남공작 활동을 벌이는 한편, 1977년에 통일전선부를 만들어 당당하게 한국의 주요인사들과 시민단체를 포섭하는 공세를 시작했다.

일본인 납치사건이 빈번해진 것도 이 시기와 겹친다. 일본인 행세를 하며 당당하게 공작활동을 하기 위해서였다.

박정희 대통령이 암살 당한 후 국무총리인 최규하가 대통령 대행에 취임은 했지만 힘의 공백을 메우지 못해 정국은 혼란 속으로 빠져 들어갔다. 최규하는 헌법의 규정에 의해 실시된 12월 선거에서 당선됐으나 재야 세력은 새 헌법 제정을 통한 대통령 선거를 요구했다.

이듬해 2월 최규하는 박정희 정권 시절 체포·구속된 정치범들을 사면하고 김대중의 선거권을 회복시키는 등 사태를 진정시키기 위해 노력하지만 각종 집회나 시위는 더욱 심해졌다.

때마침 노동자들의 파업투쟁도 늘어나 2월부터 한 달 동안만 총 20여만 명의 노동자가 시위에 참가했다. 5월에 들어서자 강원도 사북의 동원탄광에서 4천여 명의 탄광노동자와 그 가족들이 4일간 탄광 일대를 점거하는 사건이 일어났다. 항간에는 북한이 쳐들어온다는 소문도 무성했다.

이러한 급박한 상황에 위기감이 더해지고 쿠데타로 군의 실권을 잡은 전두환을 핵심으로 한 신군부는 5월 17일 오전에 전군 주요지휘관회의를 소집하고 계엄령을 강화(계엄령 전국 확대)할 것을 결의하고 비상계엄령 확대 조치를 발표했다.

정치활동을 금지하고 전국 대학들은 휴교 조치가 취해졌다. 그리고 김대중을 계엄령 위반으로 체포, 김종필과 이후락(전 중앙정보부 부장) 등 박정희 정권의 주요 정치인들도 부정축재 혐의로 연행했다.

김대중의 출신지인 호남지역에서는 광주를 중심으로 격렬한 시위가 벌어졌다. 5월 18일 시위를 진압하기 위해 광주로 파견된 육군 공수부대는 대학을 봉쇄했지만 이에 항의하는 학생, 시민들과 싸움까지 벌어졌다.

무장한 시민들을 진압하기 위해 군대가 투입됐다. 27일까지 계속된 광주폭동은 "민간인 165명이 사망했다"고 알려졌다(5·18검찰 수사 기록에 따른다).

'5·18'은 한국이 민주화로 방향을 대폭 수정하게 되는 계기를 제공한 반면, 좌파 세력들에게 큰 정치적인 공간을 만들어 주었다.

전두환은 그의 『회고록』에서 당시의 상황을 이렇게 적었다. "수많은 사람들이 모르고 있는 것은 광주폭동이 진정으로 민주화를 위한 평화시위였느냐는 점이다. 시위대는 방위산업 체(당시 아시아자동차, 1999년 기아자동차에 합병됨)의 자동차 공장을 습격하고 탱크와 군용 차량을 훔쳐 4시간 동안 44여 곳의 예비군 무기고를 습격하여 총기 5,400여 정, 탄약 28만 8천 발, 폭약 2,180톤을 탈취했다."

이 사건의 배후로 지목된 김대중은 군사 재판에서 사형을 선고 받았으나 후에 감형되어 2004년에 무죄가 선고되고 1982년 12월에는 다시 미국행 길에 오른다. 그때 한국에서는 민주화 운동이 거세게 일어나고 있었다.

돈으로 주고 산 '남북 정상회담'

4수(修) 도전에서 대통령 자리를 마침내 손에 넣은 김대중은 곧바로 지금까지의 대북정책을 대폭 수정했다. 남북 간 교류를 늘리고 경제지원을 확대, 나아가 평화통일을 이루겠다는 유화정책으로 선회한 것이다.

1998년 4월에는 '남북경협활성화조치'를 발표, 기업의 대북사업을 적극 장려했다.

이 사업에 가장 적극적으로 뛰어 든 곳은 북한 남동부 강원도(통천) 태생인 정주영이 이끄는 현대그룹이었다. 북한은 금강산 관광 등 7개 대형사업의 독점을 현대에게 주는 대신 거액의 대가를 요구했다.

투자 효과가 의심스러운 현대의 사업을 김대중 정부는 자금을 융자·지원하는 방법으로 도왔고 동시에 현대를 남북 정상회담의 창구로 이용했다.

현대의 중재로 사상 첫 남북 정상회담이 실현된 것은 2000년 6월. 그러나 세계의 주목을 받았던 이 회담은 2년도 지나지 않아 '돈으로 샀다'는 의혹이 제기된다.

「월간조선」은 2002년 5월호에서 미국 의회 조사국이 작성한 〈한미관계 보고서〉를 바탕으로 "남북회담을 위해 한국 정부는 국가정보원을 이용해 김정일의 해외 비밀계좌에 4억 5천만 달러(한화 5천4백억 원)를 송금했다"고 보도했다.

국회에서 이 의혹이 추궁된 것은 언론 보도 4개월 뒤였다. 그때 한나라당 엄호성 국회의원과 증인으로 출석한 한국산업은행 전 총재인 엄낙용 사이에서 이런 대화가 오갔다.

의원 "미국 의회보고서에 의하면 현대그룹은 북한에 사업 대가로 낸 돈 외에, 비밀리에 추가로 4억 달러(미국 의회보고서에는 5억 달러. 현금 4억5천만 달러와 5천만 달러 상당의 현물)를 지불했다. 이것이 군비로 전용되었을 가능성이 있다는 지적이 있었고 추적 결과 사실로 드러났다. (중략) 산업은행이 현대상선(현대의 자회사)에 4억 달러를 대출해 준 당시 당신은 총재가 아니었죠?"

증인 "예"

의원 "총재 취임 후(4억 달러를 회수하려 하자) 현대 측은 '이 돈은 우리가 아닌, 정부가 책임을 져야 한다'며 상환을 거부했다던데요."

증인 "그렇습니다."

의원 "그렇다면 그 돈은 누가 어디에 썼습니까?"

증인 "그건 모릅니다. 다만 '정부가 갚아야 할 돈'이라는 설명을 들었습니다."

사실 국회에서 주고받은 이 질문은 의혹을 폭로하기 위해 두 사람이 미리 계획한 것이었음이 최근 밝혀졌다.

2017년 3월에 출판된 회고록에서 엄낙용은 "현대그룹의 자금 흐름을 보았는데 너무 혼란스러웠다. 이런 상황에서 또 자금 요청이 있었다. 나는 사용처가 불명확한 지원 요청에 대해 '구두가 아닌 문서로 요청하라'고 말했다. 그러자 정부 관계자들이 격노했다고 들었다. 결국 나는 공직(총재)을 떠날 수밖에 없었다."

폭로한 이유는 "계속 숨기고만 있으면, 마음에 홧병이 생길 것 같아서"라고 했다.

그 계기는 2002년 6월 연평도 부근에서 벌어진 남북한 함정의 군사 충돌로 인해 한국군 병사 6명이 전사한 사건이 일어났다.

"연평해전에서 북한이 사용한 장비에 우리가 제공한 자

금이 쓰였을지 모른다고 생각하니 가만히 있을 수 없었다."

엄낙용은 한 유력 일간지 기자에게 자료를 건네며 송금 의혹을 폭로해 달라고 부탁했지만 기자는 지금은 그 시기가 아니라며 거절했다. 하여 알고 지내던 한나라당 엄호성 의원에게 국회에서 폭로해 달라고 부탁한 것이다.

정상회담 직전 현대가 북한에게 지불한 거액의 현금 외에 김대중 정권이 김정일의 비밀계좌에 4억 5천만 달러를 송금했다는 사실은 이후 한국의 특별검사 조사에서도 드러났다.

남북 정상회담을 한 지 6개월 후 김대중은 자랑스러운 노벨평화상을 수상했다. 김대중 지지세력에게 그것은 대북 정책에 대한 보증수표이기도 했다.

좌파정권도 부패와 무관하지 않았다

　좌파정권 또한 부패와 무관하지 않았다. 김대중은 정권 말기에 측근과 가족의 비리에 시달렸다. 임기를 1년 남긴 2002년 5월 셋째아들인 김홍걸이 36억 원의 뇌물을 받은 혐의로, 6월에는 차남 김홍업이 탈세혐의로 구속되었다. 국회의원이던 장남 김홍일도 인사 청탁 관련으로 뇌물을 받은 혐의로 김대중의 퇴임 직후 불구속 기소되었다.
　차남의 구속 직후 김대중은 성명을 발표해 다음과 같이 사죄했다.
　"평생 여러 고난을 겪었지만 이렇게 끔찍한 일이 일어날 줄은 몰랐습니다. 이것은 모두 제 잘못이며, 제가 부족하기 때문입니다."
　세 아들 모두가 비리에 연루되었다는 소문은 구속 전부터 있었다. 주간지 「시사저널」은 2001년 12월 30일 '김대중의 세 아들'의 의혹을 보도하는 기사에서 "세간에는 '앞으로 대통령을 선택할 때는 자식이 없거나 미성년자를 둔 쪽을 선택하는 것이 좋다'라는 말이 유행하고 있다"라고 썼다.

2001년 8월, 김대중의 지지 기반이자 좌파의 아성인 광주에서 새천년민주당이 '국정홍보대회'를 열었다. 이 대회에는 당내 차기 대권주자로 꼽히던 한화갑, 정동영, 노무현 등이 등장했다.

가장 먼저 연단에 선 것은 김대중의 측근 중 측근으로 '리틀 DJ(작은 김대중이라는 뜻)'라 불리는 한화갑이었지만 회의장에는 야유가 쏟아졌다.

김대중을 제대로 보좌하지 못했다는 불만의 표출이었다. 다음에 나선 사람은 앵커 출신인 정동영이었지만 감동이 없는 무미건조한 연설이었다.

어색한 분위기 속에서 등장한 것이 노무현이었다. 노무현은 이렇게 말했다.

"저는 무엇보다 의리를 소중히 아는 인간입니다. DJ를 만나 손해를 본 적도 있습니다. 그럼에도 나는 의리를 지킬 겁니다."

회의장의 분위기가 바뀌기 시작했다. 노무현은 계속 말을 이어갔다.

"DJ가 실정(失政)을 했다고 많은 사람들이 욕하지만 그렇다고 광주에서도 욕을 하면 DJ는 끝장입니다. 다른 곳에서 DJ를 매도하는 것은 어쩔 수 없지만, 이곳 광주시민은 절대로 그렇게 해서는 안 됩니다. 저는 부산놈이니까 이런 소리를 합니다."

그때 행사장에 있었던 현 총리인 이낙연은 이렇게 회상한다. "노무현의 연설이 끝나자마자 회의장은 뒤집혔습니다. 한마디로 환호의 도가니였습니다. 그때 나는 그의 가능성을 보았습니다."

노무현의 연설은 '지역감정'에 불을 지른 것이다. 노무현은 1946년 경상남도 김해에서 태어났지만 본적은 김대중과 같은 전라도이다. 학연·지연을 소중히 여기는 한국에서는 어디 출생인지와 본적이 어딘가는 매우 중요하다.

노무현은 1966년에 부산상고를 졸업하고 농협 취직 시험을 치르지만 불합격된다. 일정한 직업에 안주하지 않고 막노동을 하며 9년간의 독학 끝에 사법시험에 합격했다. 노무현은 당시 기분을 "그 순간만큼 행복했던 적은 없었다. 아내는 내 무릎에 얼굴을 묻고 펑펑 울었다"고 술회했다.

2002년 대통령 선거를 취재한 SBS 엄광석 기자는 그의 저서 『2002 대선음모』에서 "김대중은 예비선거가 시작되기 전부터 노무현에게 호감을 갖고 있었다"고 밝혔다.

엄 기자에 의하면 김대중은 "보수 후보를 이길 수 있는 사람, 자신을 배신하지 않는 사람을 선택했다."

다음 정권이 보수 세력으로 넘어갈 경우 정치보복을 두려워했던 것이다. 당시 여당인 새천년민주당의 움직임은 이 보도보다 빨랐다.

호남지역의 지지는 필수였다. 여당의 경선에는 7명이 입후보했지만 2002년 4월에 노무현이 새천년민주당의 최종 대선 후보를 차지한 것이다.

친북성향을 감추지 않은 노무현

여당 공천의 대통령 후보가 될 때까지, 노무현은 좌파 정당에서 주류는 아니었지만 돌출행동을 하는 정치인으로 유명했다.

1988년 국회의원에 처음으로 당선된 노무현은 그해 가을에 열린 국회청문회에서 전두환 정권의 비리를 조사하는 특별위원회 위원으로 현대그룹의 회장인 정주영을 몰아붙였다. 그 장면이 TV로 생중계되어 청문회 스타가 되었다.

국회의원들이 정주영에게 경외심을 갖고 질문하는 중에 노무현은 정주영을 강하게 몰아붙였다. 강한 경상도 사투리에 서민적인 표현과 직설적인 언어 구사를 좋아하는 노무현의 열변(熱辯)에 열혈 팬들이 생겼다.

나아가 노무현은 예상치 못한 행동을 했다. 2000년 당선 가능성이 높은 서울 종로구 공천을 거부하고 부산에서 출마했다. 노무현의 낙선 직후 인터넷에는 '낙선에 눈물이 멈추지 않았다'는 글이 쇄도했다. 좌파성향 인터넷 매체인 「오마이뉴스」는 그 현상을 "울분이 폭풍우처럼 쏟아졌다"고 보도했다.

이후 광주지역을 중심으로 인터넷을 통해 만들어진 것이 '노사모(노무현을 사랑하는 모임)'이다. 200명으로 시작된 노사모는 순식간에 전국으로 확산되어, 7월에는 영화배우 명계남을 대표로 선출해 '노무현을 대통령으로 만들자'는 슬로건을 내걸었다.

반면 노무현만은 안 된다는 사람들도 많았다. 보수가 문제를 삼은 것은 그의 대북관이었다. 장인인 권오석은 1949년 남조선 노동당에 가입했고, 6·25전쟁 중 경상남도 창원군의 노동당 부위원장을 맡아 일반 시민 학살에 가담해 살인 등의 혐의로 구속된 이력이 있는 좌익활동가였다.

2002년 4월 6일 광주에서 시작된 경선에선 노무현은 장인의 과거이력을 문제 삼아 공격하는 사람들에게 열변을 토했다.

"나는 장인에 대한 일들을 다 알고 아내와 결혼했습니다. 아내는 아이들도 잘 키웠고 우리는 사랑하며 살아왔습니다. 그런 아내를 버리라는 겁니까? 그러면 대통령 자격이 있고, 아내를 계속 사랑하면 자격이 없다는 겁니까?"

이 연설 이후 노무현은 친북성향을 숨기려 하지도 않게 되었다. 5월 인천지역의 유세에서 "(나는) 남북 대화만 성공한다면 다른 건 다 깽판을 쳐도 괜찮다고 생각합니다"라는 발언까지 서슴지 않았다.

한국에서는 북한이라는 벽, 지역이라는 벽을 잘 넘어야 대통령이 될 수 있다. 선거에서는 특히 대북관이 중요한 판단기준이다.

미국의 조지 W. 부시 대통령은 그해 국정연설에서 국제원자력기구(IAEA) 사찰단을 추방하고 국제조약을 무시하고 핵개발을 계속하는 북한을 '악의 축'이라고 비난했다. 한국 내에서는 보수 세력을 중심으로 '돈과 물자'를 북한에 바친 좌파정권에 반감이 팽배해 있었다.

노무현은 선거 유세 도중 대북관을 비판하는 다른 후보에게 그럼 전쟁을 할 것이냐고 강하게 반박하며 논점을 잘 피해가는 재치를 보이기도 했다. 한국에서는 호남지역 표만으로도 또 영남지역 표만으로 대통령이 될 수 없다. 충청지역 표를 누가 얻느냐가 중요하다.

2002년 대통령 선거에서 영남 지역의 지지를 얻고 있던 야당인 한나라당 후보 이회창 그리고 충청도가 지지하는 이인제 등이 출마해 보수표는 분산되고 만다. 지나친 자신감에 빠져 있던 한나라당은 충청도 출신 이인제를 적극적으로 끌어안지 않았다.

이 선거를 취재한 SBS의 엄광석 기자는 "이 후보가 조금 더 적극적으로 이인제 영입에 공을 들였더라면 결과는 달라졌을 것"이라고 말했다.

좌파들의 '세기의 거짓 폭로'가 선거 좌우

좌파정권의 재창출을 막기 위해 한나라당은 청렴결백하고 깨끗한 이미지를 가진 대법관을 지낸 이회창을 대선 후보로 선택했다. 김대중의 측근이나 가족들의 부패가 국민의 분노를 사던 중, 대조적인 이회창을 내걸고 승부수를 던진 것이다.

이회창은 서울대 재학 중 사법시험에 합격했다. 공군장교로 병역을 마친 뒤 대법관 등을 거쳐 김영삼 정부에서 국무총리를 지낸 엘리트였다. 노무현과는 대조적인 경력과 경험을 가지고 공직을 맡은 40년간 뇌물을 받은 적도 없었다. 군사정권에서도 원칙을 굽히지 않는 판결을 내린 것으로도 유명했다.

2002년 5월 21일 「오마이뉴스」는 이회창에 관해 충격적인 기사를 게재했다. '병역 비리 전문 수사관(후에 위조임이 판명되었다)'으로 칭하는 김대업의 고발에 의하면 "그는 두 아들의 병역 기피 사실을 은폐하기 위해 대책회의를 열어 관련 자료를 파기했다"는 것이다.

이 보도가 나간 뒤, 노(盧)진영은 특권층의 대변인인 이회창을 심판하라는 논평을 낸다.

그후 김대업은 "이 후보의 부인이 아들의 병역을 면제받기 위해 병무청 직원에게 1천만 원 이상을 건넸다. 그때 오간 대화를 녹음한 테이프가 있다"고 폭로했다.

후에 테이프는 위조된 것이었음이 밝혀지지만 그 물증이 나온 다음 일부 언론은 이회창은 그런 일을 하지 않았을지도 모르지만, 부인이라면 할 수도 있다는 논조를 펼쳤다. 사실 이 테이프는 테이프 제조년월이 대화를 녹음했다는 시기보다 그후에 제조된 테이프였음이 드러났지만 대선은 이미 끝난 뒤였다.

재판 기록에 의하면 김대업은 상습 사기범으로, 군병원에서 부사관으로 근무하던 1985년에는 진단서를 위조하는 방법으로 약 20명에게 뇌물을 받아 징역 1년의 실형을 선고받았다(선거 후 김대업은 수사관을 사칭했다는 것이 밝혀져서 구속 수감되었다. 병풍사건 역시 대법원에서 명예훼손과 무고 등으로 유죄판결 받았다. 그 후 소위 병풍사건으로 이득을 본 노무현 대통령의 특별사면으로 풀려났다. 편집자 주).

이회창의 아들은 둘 다 체중 미달이라는 정당한 사유로

병역을 면제받았지만 유권자에게 그런 설명은 통하지 않았다. 결과적으로 김대업의 세기의 거짓 폭로인 소위 병풍사건은 선거 판도를 바꾸었고 이회창의 지지율은 크게 떨어뜨렸다.

당시 한나라당 선거대책위원장을 맡았던 서청원은 이렇게 회고했다.

"2002년 대통령 선거는 김대중 정권이 조직적으로 저열한 음해 공작을 벌인 선거였다. (중략) 이런 공작선거에 대해 우리들의 대응이 미숙했던 것은 사실이다."

이회창을 열렬히 지지했던 국회의원 이원창은 "노무현을 지지하는 좌파세력은 정치는 못하지만 선전선동 전술에는 능했다. 신문에 '전쟁이냐 평화냐'며 광고를 냈고, 이회창이 대통령이 되면 전쟁이 날 것이라는 고도의 선전술을 펼쳐 일반 국민들을 공략했다"고 말했다.

대선 중반까지 지지율이 선두를 달렸던 이회창은 막판에 지지를 잃기 시작한다. 그 결과 김대중의 노선을 계승하는 노무현이 근소한 차로 이회창을 꺾고 대통령에 당선되었다. 이회창의 득표율은 46.59%, 노무현의 득표율은 48.91%였다.

대통령에 당선된 노무현은 전임자였던 김대중처럼 '계파(派閥)'를 갖고 있지 않았다. 공천을 받았을 때는 현역 의원도 아니었다.

 노무현의 지지기반은 정치권 밖에 있는 '노사모'에 더해 학생운동권 출신과 호남권 유권자에 한정되어 있었다. 이들은 정치적으로 나눠 가질 수 있는 권력이나 이익이 없었던 만큼 정치적 이상을 공유했고 결속력도 강했다.

 이러한 '아마추어 정권'에 보수 세력은 처음부터 거부반응을 보였다. 노무현은 회고록『성공과 좌절』에서 "정권을 잡고 보니 상대방은 나를 알아주지도 않고, 여러 가지로 노력해도 대화조차 할 수 없어(상대방과의 대화) 힘들었다"고 회고했다.

김정일을 말할 때는 '경칭을 써달라'

대통령에 취임하고 얼마 되지 않은 2003년 5월 11일 노무현은 미국을 방문하는데, 그때까지의 반미 자세와는 확연히 다른 친미적인 발언을 연발해서 세상을 깜짝 놀라게 했다.

뉴욕에 체류 중이었던 13일 "53년 전(6·25전쟁 때) 미국이 도움을 주지 않았더라면 나는 지금쯤 정치범수용소에 있었을지도 모릅니다"라고 발언했다. 거기에 더해 "미국에 올 때는 머리로만 호감을 가지고 있었지만 온지 이틀 만에 마음으로 호감을 갖게 되었다"라고까지 말했다.

다음 날 "미국은 남을 위해 희생한 사람들이 생활하는 나라다. 자유와 정의가 늘 승리해 온 나라, 정말 부럽다. 좋은 나라다"라고 극찬했다.

이에 '노사모(노무현을 사랑하는 모임)'와 좌파단체들은 일제히 반발했다. 훗날 일련의 발언에 대해 노무현 측근은 이렇게 말했다.

"노 대통령을 수행한 비서진들은 김일성의 주체사상을 신봉하는 이들이 대부분이었다. 대통령의 일거수일투족은 물론 침실까지 이들에게 감시되는 것에 대한 울분을 (친미 발언 형태로) 격정 토로한 것이라고 생각한다."

그는 첫 미국 방문에서 친미 발언을 한 것에 대한 이유를 회고록인 『성공과 좌절』에서 이렇게 밝혔다.

"남북문제를 해결하려면 친미도 하고, 친중, 친러, 친일, 모든 것을 해야만 한다."

그러나 첫 방미 이후에는 또다시 북한을 옹호하는 발언을 서슴지 않았다.

2004년 11월 남미 순방 도중 방문한 미국 로스앤젤레스에서 노무현은 "북한의 핵 보유는 체제의 안전을 보장해야 한다는 이유가 있다. 이치에 맞다"며 이해를 표했다.

칠레에서 열린 아시아태평양경제협력체(APEC)에 참석한 한미 정상회담에서 부시는 "나는 진심으로 김정일을 신뢰하지 않습니다"라고 운을 떼고 이유를 이렇게 말했다.

"그(김정일)는 제 전임자에게 거짓말을 했습니다. 나는 자국민을 굶겨 죽이는 어떤 사람도 믿지 않을 것입니다."

노무현은 부시의 설명에 납득되지 않은 모양이었다. 또 북한 지도자의 이름을 막 불렀다는 것에 반감을 나타내며 이제부터 김정일에 대해 언급할때는 경칭(미스터 등)을 써달라고 요구했다.

2005년 9월 미 재무부는 북한의 돈세탁에 관여했다는 혐의로 마카오은행 방코델타아시아(BDA)에 제재를 발동해 북한 관련 계좌를 모두 동결했다. 이는 그때까지도 북한에 가한 가장 큰 타격을 준 제재였다.

같은 해 11월 경주에서 한미정상은 다시 회담을 갖게 되었다. 측근에 의하면 노무현은 불편한 심기를 감추지 않고 BDA에 대한 제재를 풀어달라고 강력히 요청했다. 그런 노무현을 미국 정부가 신뢰할 리 없었다.

부시 행정부에서 국무장관을 지낸 콘돌리자 라이스는 그녀의 회고록인 『콘돌리자 라이스』에서 "도대체 노무현은 무슨 생각을 하는지 모를 사람이었다"라고 혹평했다. 국방장관을 지낸 로버트 게이츠도 그의 회고록인 『의무, *Duty*』에서 "그는 반미적이고 아마도 약간 돌아버린 사람"이라고 했다.

노무현은 회고록에서 자신에 대해 이렇게 적었다. "저는 교양도 없습니다. 나 같은 게 대통령이 될 줄 알았더라면 미리 연습을 해뒀으면 좋았을 텐데, 체질적으로 허리를 잘 굽히는 편이 아니어서 윗자리에 앉는 것이 불편했습니다."

재임 중에 노무현은 대외 정책뿐만 아니라 국내 정치에서도 실패를 거듭하다가 임기를 1년 여 앞둔 2006년 말 '국정 운영 지지도 조사'에서 5.7%의 낮은 지지율을 보였다. 김대중과 같이 그 역시 친척들과 측근의 비리가 속속 드러나고 국민의 비난을 받았다.

퇴임 후 수사가 시작되어 가족들이 조사를 받던 중 고향 마을 부엉이 바위에서 뛰어내려 자살했다.

큰 타격을 받은 좌파 세력의 복권은 당분간 어려울 것이라 보였지만 보수를 대표하는 박근혜의 실정(失政)으로 '노 정권 2기'라 불리는 문재인 정권이 탄생한 것은 노무현의 죽음으로부터 8년이 지난 2017년이었다.

제5장 |
보수세력에 대한 공포정치

장기집권을 위해 보수를 뿌리째 뽑아

'선거결과에 만족하지 않고 국민만을 생각하며 앞으로 나가겠습니다.'

한국의 대통령 문재인의 표정은 개인 날씨처럼 밝았다. 역사상 처음 가진 미북 정상회담이 있었던 다음 날인 2018년 6월 13일 지방선거에서 여당인 '더불어민주당'이 역사적인 승리를 거뒀다.

서울 등 전국 주요 17개 시·도 지사 선거에서 14개 시·도에서 승리하고 또 12선거구에서 동시에 행한 국회의원 보궐선거도 11곳에서 승리하였다.

문화일보는 6월 19일자에서 "대통령 선거에 이어 지방선거에서도 승리함으로서 완전한 정권교체가 이루어졌다"라고 논평하였다.

선거결과를 보고 더불어민주당은 자연히 장기집권을 입

에 올리게 되었다. 더불어민주당의 차기주자를 노리는 이해찬은 7월 29일 기자간담회에서 이렇게 말했다.

"지금부터 한 20여 년은 정권을 잡고 있을 것을 전제로 모든 계획을 세워 나가지 않으면 안 된다."

이해찬의 발언에서 볼 수 있듯이 한국에서는 '보수 궤멸' '좌파 장기집권'이 이뤄지는 현실을 보는 것 같았다. 지방선거에서 크게 패한 '자유한국당'(전 새누리당)의 홍준표 대표는 "모든 책임을 지고 대표직"을 사임한다고 했다.

희비가 엇갈린 패배 선언에 이어 약 2주 후 홍준표가 도지사로 근무하였던 경상남도에서는 이를 상징할 만한 일이 벌어졌다.

홍준표가 도청 앞에 심어 놓은 '홍준표 나무'를 포클레인을 동원해 뿌리 채 뽑아 버리는 이벤트가 있었다. '적폐 청산과 민주화 사회건설'이라는 시민단체가 앞장선 것이다.

홍준표가 경남도지사로 근무한 것은 2012년 12월부터 2017년 4월까지. 지사직을 사임한 것은 보수진영 대통령 후보로 출마하기 위해서였다.

지사로서 재정개혁을 추진해 취임 3년 만에 약 1조3천5백억 원의 부채를 제로(0) 상태로 만들었다. 채무제로 선포식과 함께 '채무제로 기념식수'로 나무를 심은 것이었다. 홍지사는 이렇게 말했다. "이 나무를 볼 때마다 경상남도는 이제부터 빚 없는 도(道)"라고 할 것이다.

지사 취임 후 홍준표는 오랫동안 만성 적자에 시달리던 진주의료원을 폐쇄할 것을 결정하였다. 홍준표는 "개인병원의 10분의 1 만큼의 환자도 없는 병원이 해마다 적자가 누적되고 있는데 임금은 높아가고 직원들의 복지후생도 잘되어 있는데도 불구하고 그들은 매년 임금인상을 요구하는 시위와 파업을 하고 있기 때문이다"라고 하였다. 진주의료원노동조합은 좌파계열의 '전국민주노동조합총연맹'(민노총)의 산하 병원노조로 저항은 극렬했다.

"매일 아침 내가 출근하는 시간에 맞추어 집주변에서 항의 시위가 있었지만 나는 굴복하지 않았다."(대통령 후보 연설에서)

홍준표는 기득권 유지에 급급해 하는 '귀족 노조원'이 있는 한, 병원의 회생 가능성은 불가능하다며 폐쇄를 결정했다고 말했다.

2015년부터 학교 개혁에도 착수했다. 도내 모든 초·중학생들에게 지급하던 무상 급식제도를 폐지하였다. 대신 저소득층 가정의 학생들에게는 보조금을 주도록 하였다. 이 조치에 대해 반발한 반대 측에선 지사 주민소환도 불사하겠다고 저항하였다.

그로부터 3년이 지난 2018년 지방선거에서 문재인의 최측근 김경수(현재 대통령 선거 여론 조작 혐의로 구속되었다가 보석으로 풀려나 재판 중에 있음)가 경남 도지사로 당선됐다.

"지사가 바뀌었다고 이런 짓까지 하다니" 하면서 기념식수를 뽑은 일에 비난도 있었지만 김경수 측은 "나무가 말라 죽어 할 수 없이 뽑았다"고 변명하였다. 뿌리 채 뽑은 것은 나무뿐만 아니다.

보수 논객 정규재 씨는 이렇게 지적하였다.
"문재인이 정권을 잡은 후 1년 여 만에 한국 보수 세력을 뿌리째 뽑으려 하고 있다."

한국 최대의 민영 방송국 채용시험에 사상조사

2018년 7월 26일 한국 최대의 민영방송인 문화방송(MBC)의 공정방송노동조합 이순임 위원장이 출근 도중에 긴급 체포 되었다. 체포이유는 '업무상 횡령, 저적권법 위반, 업무방해'이다.

MBC가 3월에 실시한 신입사원 채용시험 문제를 이순임이 MBC의 사내 사이트에 무단으로 공개하였다는 혐의였다. 채용시험에서 감독관을 맡았던 이순임은 '시험문제가 너무 좌편향 되어 있다고 느끼고 시험문제 공개를 결심하였다.'

시험문제는 '평창올림픽의 남북단일팀에 대해서 어떻게 생각하느냐'와 '북한의 선군정치의 의미'를 묻는 것이었다.

MBC가 입사시험에 남북단일팀에 대한 문제를 낸 것은 그럴만한 이유가 있었다. 문재인 정권은 남북 간에 화해 무드를 연출하기 위하여 여자 아이스 하키팀에 '무자격자'인

북한선수들을 무리하게 끼워 넣어 단일팀을 구성하였는데 성적은 별로였다. 여론은 문 정권의 결정에 대해 지지세력과 비판세력으로 나눠졌다.

문재인을 지지하는 세력은 "스포츠 교류가 통일의 출발점이다"라고 긍정적으로 평가하였고, 올림픽 순위에 목말라하는 많은 젊은이들은 "준비해 온 한국 선수들의 출전 기회까지 빼앗은 것은 불공평하다"고 비판적이었다.

노조위원장 이순임은 당일의 시험장 분위기에 대해서 이렇게 말했다. "시험지를 받아 본 수험생들은 놀란 표정이었다. 수험생들은 좌편향으로 답을 쓸까, 우편향적으로 답을 쓸까 고민했을 것이다."

이 위원장은 시험지 공개와 함께 "입사시험에 어째서 그 사람의 사상을 파악하려고 하는 문제를 낼 수 있었느냐 그 경위를 밝혀 주기 바란다"라고 요구하였다.

그러나 MBC는 이 위원장이 무단으로 시험문제를 누설했다며 고발을 했고 경찰은 5회에 걸쳐 이순임의 출두를 요청했는데 거부하였기 때문에 체포했다고 하였다.

MBC에는 3개의 노조가 있다. 보수계열에 가까운 '공정방송 노조', 좌편향된 '전국민주노동조합총연맹(민노총) 산하의 언론노조', 그리고 'MBC노조'이다. 문 정권이 들어서면서 사장으로 취임한 사람은 MBC노조위원장을 지낸 최승호(崔承浩)이다. 최승호는 이명박 정권인 2012년에 170일간

장기 투쟁을 주도하다 해직당했다.

2017년 12월 사장으로 취임한 최승호는 'MBC정상화위원회'를 조직하여 2008년부터 10여 년 계속된 보수정권 시대에 일어난 문제를 조사하도록 하였다.

최승호는 이명박 정권 때 채용된 100여 명의 사원 경력을 한 번 더 면밀히 조사하도록 하고 다른 한편으론 보수정권 때 해고된 기자나 PD들을 복직시켰다. 이순임의 체포는 '정상화위원회'가 기자의 '사상'에 대한 조사와 때를 같이하여 진행됐다.

이순임은 8시간 동안 조사를 받은 후 석방되었지만 "한국은 거의 프랑스 혁명 당시와 같은 공포정치를 하는 사회가 되었다"고 한탄하였다.

한국은 현재 정권교체와 동시에 방송계의 얼굴도 바뀌고 있는 중이다.

한국방송공사(KBS)의 공영노조에 따르면, KBS는 39명의 기자를 투입해서 전 정권의 의혹을 추적 조사하는 특별팀을 편성했다고 한다. 그러나 현 정권의 추문에 대해선 보고도 못 본 척 한다는 지적이 높아지고 있다.

KBS의 공영노조가 2018년 2월에 낸 성명서에 의하면 "문 정권이 적폐 청산이란 이름으로 '정치보복'을 하고 있다는 비판이 높아지고 있는데, 방송국이 이에 협력하고 있다. 이래도 언론기관이라 할 수 있겠는가"라고 하였다.

동맹의 상징 '맥아더 동상'에 불을 지르다

6·25전쟁의 휴전협정 65주년을 맞이하는 2018년 7월 27일 아침, 서울과 가까운 인천 자유공원에 세워진 맥아더 장군의 동상에 누군가가 불을 질렀다. 범인은 반미운동가로 활약하는 2명의 목사였다. 높이 4미터의 동상을 받치는 좌대(座臺)에 사다리를 이용해 올라간 이들은 '미군 추방! 세계의 비핵화! 점령군의 우상을 철거하라!'라는 현수막을 내걸었다. 그리고 동상의 발밑에 불을 질렀던 것이다.

목격자에 의하면 "공원의 제일 높은 곳에서 불길이 높이 솟아올랐는데도 경찰은 나타나지도 않았다."

단상의 높은 곳에서 얼마동안 반미 구호를 높이 외치던 두 사람은 유유히 그 자리를 떠나 서울로 향했다. 그날은 서울 미 대사관 앞에서 '정전협정 65주년 집회'가 예정되어 있었기 때문이다. 그 집회에 참석한 후 두 사람은 종로경찰서에 가서 자수하였다.

놀라운 것은 그럼에도 불구하고 두 사람은 체포되지 않았다. 경찰의 설명에 따르면 "두 사람의 혐의는 기물손괴 미수이지만 현행법에는 집회중 화형식(국기나 초상화를 불태우는 의식)을 하여도 처벌할 수 없다는 규정이 있다"고 하였다.

6·25전쟁은 북한군이 기습남침해서 4일 만에 서울이 함락되고 순식간에 북한군에 의해 한반도의 남쪽 낙동강까지 점령당한 전쟁이었다. 궁지에 몰린 한국군을 구하기 위해 연합군 최고 사령관인 맥아더 장군이 UN연합군을 이끌고 인천상륙작전을 성공시켰고 이 전투가 분기점이 되어 한국은 위기에서 탈출했다. 이를 기념하여 1957년 9월 15일 인천에 맥아더 동상이 세워졌다. 보수 논객인 김진은 "맥아더는 한국의 은인이다. 동상은 한미동맹의 상징이기도 하다. 그러나 그들에게는 '적폐'의 상징이 되고 있다"라고 하였다.

사실 북한과 좌파 시민단체는 맥아더 장군을 '국제전범'이라 부르면서 격렬하게 비난하고 있다. 김대중 정권 때 2002년 7월 북한은 한국을 향한 라디오 방송 '구국전선'을 통해서 "맥아더 동상을 철거해야 하는 시기가 왔다"고 선동했다.

마침 이에 호응하듯 한국에서는 '반미 반전 반핵 투쟁 연석회의' 등이 차례로 결성되고 맥아더 동상 철거운동이 시작되었다.

그후 노무현 정권에서 점점 더 세력이 늘어나 '우리나라 연방제 통일추진회의(연방통추) 등 '맥아더 동상 타도 특별위원회'가 조직되어 '동상철거'를 목적으로 만든 시민단체까지 발족됐다.

북한은 이와 같은 시민단체들의 활약상을 관영 방송을 통해 고무 격려하였다. 2005년 〈구국전선〉의 신년사에서는

"올해야말로 미군강점(한국을 미군이 강제로 점령하고 있다는 뜻)을 끝내는 원년(元年)으로 삼아야 한다고 하며 외세는 몰아내고 우리민족끼리 자주통일을 해야한다"고 부추겼다.

'연방통추'는 친북 학생단체와 더불어 '미군철수 공동대책 위원회'라는 단체를 구성, 2005년 5월 10일 부터 69일간에 걸쳐 폭력적인 동상철거 시위를 강행하였다.

무장한 시위대는 저지하는 경찰관의 얼굴을 죽창으로 찔러 부상자를 냈으나 처벌을 받는 일은 전혀 없었다. 당시 경찰과 사법부를 총괄하는 청와대 민정수석 비서관은 문재인이었다.

그 후에도 동상철거 시위는 매년 되풀이 되어왔다. 휴전협정 기념일에 동맹국과의 우호 상징인 동상에 불을 질렀다고 하는데도 문재인이 이 문제에 관심을 가졌다는 정황은 없었다.

지금 문 정권은 6·25전쟁의 종전 선언을 실현하기 위해 총력을 기울이고 있다.

한국 정부의 고위 관리였던 한 분은 필자에게 익명을 요구하며 말하였다.

"종전 선언으로 미군은 더 이상 한국에 주둔하기가 어렵게 될 것이고 대북정책에서 군사옵션은(선제 타격 및 예방타격) 사라지고 만다. 이것은 북한의 대승이라 할 수 있을 것이다."

군 방첩부대도 적폐 청산의 표적

　문재인 정권의 적폐 청산은 한국군대에도 미쳤다. 맨 먼저 표적이 된 것은 방첩부대 '기무사령부(약칭 기무사, 機務司)'였다.

　기무사는 박근혜 정권 때인 2017년 3월 무렵 계엄령 선포를 염두에 둔 문서를 작성했다. 박근혜 탄핵에 대한 헌법재판소의 결정이 나오기 직전이다. 그때 서울시내에서는 박 대통령 탄핵을 외치는 '촛불시위'와 박 대통령을 지지하는 '태극기 집회'가 충돌할 우려가 있는 일촉즉발의 위기가 점점 커지고 있었다.

　계엄령 선포 계획은 7월 5일 여당인 더불어민주당 소속의 이철희 의원이 폭로했다. 그 다음날 군인권센터에 이름을 올리고 있는 시민단체가 67페이지에 달하는 '계획서' 원본과 "계엄령 발령시 서울 시내의 군 병력 배치도"를 발표하며 연일 "군부에 쿠데타 의도가 있었다"라는 것을 국민들에게 일깨워주었다.

배치도에 의하면 군은 시위대를 진압한다는 명목으로 서울중심가에 탱크 200대, 장갑차 550대, 특수부대원 1,400여 명을 포함한 무장병력 4,800여 명을 투입할 예정으로 되어 있었다.

그 문서가 국방부 장관인 송영무에게 보고된 것은 2018년 3월이었는데 그 시점에서는 대수롭지 않게 여겼던지 아무런 대응조치도 취하지 않았다. 기무사의 기무대장 민병삼 대위의 국회 국방위원회 상임위원회에서 한 증언은 이러했다.

7월 9일 시점에서 송 장관은 "계엄령 문서는 문제될 것이 없다. 법조계에 자문해 본 결과 어디까지나 최악의 사태를 대비해 만들어진 것이다"라고 했다는 것이다.

박 대통령의 탄핵을 둘러싸고 국민 대다수가 격앙된 상태에 있었고 국론이 두 갈래로 분열돼 정국은 어떻게 변할지 도무지 알 수 없는 상황이었다.

2016년 12월 문재인은 월간지와의 인터뷰에서 "상상하기 싫지만 '탄핵'이 기각되면 혁명뿐이다"라고 말했다. 박근혜를 지지하는 '태극기집회'도 과격한 발언들이 쏟아졌다. 박근혜의 대리인이었던 김평우 변호사는 "탄핵이 가결되면 거리는 피로 물들 것이고 폭동이 일어날지도 모른다. 그리 되면 우리는 혁명 주체세력이 되어야한다"고 하였다.

야당 측은 "이와 같은 상황이 벌어지면 비상사태에서 군은 어떤 행동을 취할 것인가를 검토한 것이다"라고 하며 쿠데타 설을 일축했다. 그렇지만 문재인은 "구시대적인 그러한 일이 있어서는 안 된다"고 하면서 '독립수사단'을 만들도록 하고 철저한 수사를 지시했다.

한편, 이 문제를 둘러싸고 또 다른 '의문'도 제기됐다. 시민단체인 군인권센터가 군의 기밀정보로 분류되는 서류들을 어떻게 입수하였으며 언론에 발표할 수 있었는가 하는 문제였다.

야당인 자유한국당 김성태 원내대표는 "군 기밀을 누설한 사람은 성(性) 정체성에 있어서(군 동성애 찬성) 혼란을 겪는 분으로 군 개혁을 주도하는 것 자체가 어불성설이다. 군 기밀문서가 어떻게 민간에게 알려졌는지 조사할 수밖에 없다. 문 정권과 군인권센터가 무슨 관계인지 밝히지 않으면 안 된다"고 주장하였다.

군인권센터 대표 임태훈은 일찍이 병역거부로 인해 실형 판결을 받은 적이 있는 인물이다. 자신이 겪었던 경험을 살려 군의 인권문제를 계속 조사했고, 군의 개혁을 주장해 언론의 주목을 받던 사람이다.

김 원내총무는 "임태훈과 같은 민간인이 60만 한국군의 개혁을 주도한다는 것은 본말전도(本末轉倒) 된 것이다"라고 성토하였다.

시사평론가인 황장수는 다음과 같은 의문을 제기했다. "문 정권의 관계자도 계엄령 문서가 쿠데타 계획은 아니라는 것은 알고 있다. 그럼에도 불구하고 군부(軍部)를 문제 삼은 것은 군을 의도한대로 주무르기 위한 구실로 삼은 건 아닐까"라고 했다.

국방부는 2018년 8월 6일 기무사를 근본적으로 개편하기 위한 준비조직을 발족시켰다.

문 정권은 '국방개혁 2.0'프로젝트라는 이름을 붙여 병력을 대폭 감축하고 있는데, '북한의 눈치 보기'라는 지적도 받고 있다.

노무현 정권보다 더 살기(殺氣)를 느끼다

　11년 만에 열린 남북 정상회담이 끝난 며칠 후인 2018년 4월 30일 이른 아침, 인천시에 있는 평양냉면 음식점이 습격을 당한 일이 일어났다.

　북한의 인권유린에 대한 비판 강연을 하고 다니는데다 뮤지컬 〈요덕스토리〉를 연출한 탈북 감독 정성산 씨. 그가 경영하는 냉면집에 두 괴한이 침입해 불을 지르고 창문에 노란색 스프레이로 세월호 추모 리본 모양의 낙서를 하고 벽에 비방 글이 적힌 대자보를 써 붙이고 도망갔다.

　대자보에는 너의 미친 신념보다 인간으로서 상식, 도리가 먼저다"며 "그런 가당치 않은 신념 따위로 사람이 먹는 음식을 팔다니…"라고 하며 정 감독의 '정치적 사상'을 비난했다.

　정성산은 평양 연극대학을 졸업하고 모스크바 영화국립

대학에 유학, 1995년에 탈북하여 '기쁨조'의 사생활을 소재로 한 TV드라마 〈진달래꽃이 피기까지〉의 각본을 쓴 것으로 유명하다. 이것이 김정일의 분노를 샀다. 북한에 남겨진 그의 아버지는 공개처형 되었다.

〈요덕스토리〉는 북한의 함경남도 요덕(耀德)군에 있는 정치범수용소를 소재로 북한의 인권유린의 실태를 고발한 작품이다.

정 씨는 습격사건 이후에 다음과 같이 말했다. "노무현 정권 때에도 북한의 공작원들과 종북세력들의 협박이 있었지만 겁나지는 않았다. 그러나 이번 사건때 나는 살기를 느꼈다."

세월호 추모를 상징하는 노란 리본은 침몰사고 당시 박근혜 정권의 대응에 대한 비판적인 좌파 인사들을 중심으로 가슴에 달고있는 뺏지다. 보수측은 싫어하는 상징이기도 하다.

보수층의 유튜브 방송에서는 이 리본을 공격하면서 이 배지를 다는 것은 흡사 독일의 나치 추종자들이 유대인 상점이나 주택 등을 습격한 1938년 11월의 '수정(水晶)의 밤'을 닮고 있다고 지적하였다. "당시 다수의 국민은 폭력과 광기에 침묵했다." 이번 사건에서 공포의 전율(戰慄)이 느꼈다고 보도하였다.

그로부터 며칠 후, 여당인 '더불어민주당'이 관여하였다는 여론 조작사건 '드루킹 사건'의 진상규명을 촉구하며 국회에서 단식을 하고 있던 김성태 자유한국당 원내대표가 괴한에게 습격당하는 사건이 또 발생했다. 목격자에 의하면 괴한은 "판문점 선언의 국회비준이 왜 그렇게 어려운가"라고 외쳤다.

국회에 난입하기 전에 괴한은 남북 군사분계선이 있는 경기도 파주에서 탈북자들에 의해 북한의 실상을 고발하는 삐라 풍선을 북을 향해 날리는 이벤트 저지운동에도 참가하였다고 한다. 이 괴한은 자유한국당 지지자라고 스스로 밝혔지만 당 대표인 홍준표는 "여러 가지 정황을 살펴볼 때 범인은 맹목적으로 문 정권에 추종하는 좌파"라고 비난했다.

'판문점 선언'은 남북화해와 민족단결을 호소하는 내용이였지만 국내에서는 더욱더 남남갈등을 일으켜 사회분열이 점점 심해가고 있었다. 5월에는 친북단체 '한국진보연대' 간부가 대한의사협회의 회장 취임식에 난입하여 "협회를 해체하라"고 고성을 지르며 회장을 비난하는 플래카드를 들고 항의 시위를 하는 일이 벌어졌다. 신임 회장이 판문점 선언을 "국민을 속이기 위한 기만 선언"이라고 강도 높게 비판했기 때문이다.

판문점 선언을 찬양하는 행사도 있었다. 7월 7일 친북단체는 서울시청에서 남북 정상회담을 주제로 소감문과 영화 등을 관람하는 의전 행사를 가졌다. 영화부문에서 최고상을 수상한 작품은 "통일한국은 핵보유국이 되는 등 유익한 점이 많을 것"이라는 내용의 작품이었다.

수필 부문의 우수작은 "김정은 위원장의 말씀이야말로 내가 평소에 마음먹었던 통일의 모습이다"라고 말하는 김정은의 발언을 찬양하는 작품이었다.

도중에 더불어민주당 소속인 박원순 서울시장의 영상 축하 메시지도 소개되었다. 식전은 마치 박 시장이 주인공처럼 보였다.

탈북여성의 '송환'을 앞두고 펼쳐진 공방

 2018년 7월 29일 국가인권위원회는 2년 전에 중국 저장성에 있는 북한 식당에서 일하던 여종업원 12명과 남성지배인 허강일(현재 미국 망명) 등 집단 탈북한 13명에 대해 자유의사에 의한 탈북이었는지 공작이었는지 전수조사 하겠다고 발표하였다.

 허 씨와 여성종업원들이 탈북한 것은 2016년 4월이었다. 이 탈북 여성들은 지금 서울에서 대학을 다니는 등 평범한 시민으로 생활을 하고 있지만 국가인권위원회는 6인의 조사관을 투입해서 '진실'을 파헤치겠다고 나섰다.
 사건 발생후 북한은 집요하게 "종업원들은 한국 정부에 의해 납치되었다"고 주장하고 있었다. 이에 대해 문재인이 회원으로 있었던 '민주사회를 위한 변호사모임(민변)' 등이

해외 북한 식당 종업원 12명의 집단 탈북 사건(2016년)

이런 움직임에 동조하는 바람에 송환을 둘러싼 공방은 계속되었다.

2018년에 들어와 북한은 여성들을 돌려보내지 않으면 남북간의 이산가족 상봉 등 "인도주의 해결은 없다"고 협박해왔다.

사건 직후부터 '민변'은 평양에 있는 탈북 종업원들의 가족으로부터 전권을 위임 받았다고 하면서 "진상조사를 해야 한다"고 주장하고 "탈북은 식당 지배인 허강일 개인이 사욕을 추구하기 위한 것이었고 그 목적이 남측 정보당국의 정치적 이해관계와 일치했기 때문이므로 한국 정부의 '기획 탈북' 의혹이 짙다"며 법원에 '조사요청서'를 제출하기도 하였다.

지배인 허 씨는 5월 19일 좌파성향의 JTBC 인터뷰 요청에 응해 "사건은 국정원이 기획한 것이다"라고 폭로하였다.

허 씨는 다음과 같이 말하였다. "김정은의 고모부 장성택이 돌연 숙청되었는데 자신의 친구 다섯 사람도 함께 처형되어 조국에 대한 환멸을 느꼈다. 2014년 12월 국정원 요원과 접촉해 서약서에 서명했는데 그 사실을 중국 당국이 알아 차리고 협박해왔기 때문에 탈출을 마음먹었다"고 하였다.

"국정원 요원은 여성종업원들도 데리고 함께 탈출할 것을 요청해 왔지만 '너무 위험해 불가능하다'고 하였으나 이 계획을 북에 알려서 당신을 죽게 만들겠다고 협박해서 할 수 없이 실행에 옮겼는데 이 모든 것은 박근혜 대통령의 지시에 의한 것이라"고 하였다.

허 씨의 인터뷰가 방송으로 나가고 난 후 탈북여성들의 처우문제를 둘러싸고 통일부 관계자는 "방송 내용을 면밀히 검토하고 있다"고 하면서도 송환 불가 입장을 확실히 밝히지 않았기 때문에 사건은 국회로 넘어갔다.

5월 17일 국회 통일위원회의에서 조명균 통일부 장관은 "한국정부는 집단탈북여성들이 자유의사에 의해 입국했다고 이해하고 있기 때문에 북으로의 송환은 생각하고 있지 않다"고 대답했지만 시시비비는 가리지 못했다.

3일 후 조선노동당 기관지 노동신문은 "남조선 당국이 여종업원 납치사건을 어떻게 처리하는지를 지켜보고 판문점 선언에 대한 약속 이행 여부를 재고하겠다"는 기사를 실었다.

7월 20일에는 "남조선 당국(문 정권)은 우리공화국 공민(탈북 종업원)에 대한 태도가 북조선과의 관계 개선의 의지를 엿볼 수 있는 시금석이 될 것이다"라고 압박하였다.

한때 국정원 대북정책실장이었던 김정봉(金正奉) 교수는 언론을 통해 "탈북 여성들은 겁을 내고 있다. 자유의사라고 하면 북에 남아있는 가족들이 위험하다. 만일 진짜 탈북 의사가 있었다고 하면 지금은 한국여권을 가지고 있기 때문에 언제든지 제3국을 통해 북으로 되돌아 갈수 있다"고 말했다.

워싱턴에 있는 수잔 숄티 북한자유연합 대표는 "미국 연방정부가 운영하는 국제방송 '미국의소리(VOA, Voice of America)'를 통해 이미 자유의사에 의한 탈북이이라고 결론 난 사안에 대해 추가조사를 한다는 것은 어불성설"이라고 지적했지만 민변의 간부가 위원회에 들어가 있는 국가인권위는 재조사를 결정했다.

극좌 단체에는 손을 놓고 있는 경찰

2018년 8월 6일, 박근혜 정권 시절 대통령 비서실장을 지낸 김기춘이 가석방되어 562일 만에 공식 석상에 모습을 드러냈다. 곤색 정장을 입은 김기춘이 교도소 정문 앞에 모습을 드러낸 순간 미리 대기하고 있던 취재진을 밀쳐내고 시위대가 김기춘을 에워쌌다.

"김기춘 개새끼야" "악마, 무릎 꿇어!" 등 큰소리로 외치며 금방이라도 주먹을 날리듯한 기세로 덤벼드는 성난 시위대 와 김기춘 지지자들, 경찰관 등 수백 명이 몰려있던 현장은 그야말로 아수라장으로 변했다.

겨우 차에 올라탄 김기춘을 시위대는 놓치지 않으려 했다. 승용차 앞에 드러누운 사람, 보닛위에 올라탄 사람, 앞 유리창을 깨는 사람들도 있었다. 김기춘은 차 안에 갇힌 채 40여 분 동안 시위대의 공격을 받았지만 놀랍게도 100여 명이 넘는 경찰관들 중 누구 하나 폭력을 제지하는 사람은 없었다. 김기춘이 탄 차가 앞 유리창이 깨지고 차체가 너덜너덜해진 뒤에야 그 자리를 떠날 수 있었다.

전직 검찰총장이자 대통령 비서실장이었던 김기춘의 죄목은 좌파계열의 문인 예술인에 대한 보조금 배제 리스트, 이른바 '블랙리스트' 작성을 지시한 직권남용 및 강요죄였다.

김기춘에게 욕을 퍼붓고 폭력을 휘두른 단체는 좌파계열의 '한국진보연대'와 2017년에 결성된 '민중당' 소속 당원 200여 명이었다.

민중당은 '민주적 기본 질서에 반하는 정당'으로 헌법재판소가 2014년에 해산명령을 내린 통합진보당의 잔당(殘黨)들이 주축이 되어 만든 정당이다. 민중당의 대표인 김종훈은 통합진보당 출신 국회의원이다.

민중당 당원들이 김기춘을 미워하는 것은 통합진보당 해산에 김기춘이 중심 역할을 했다고 보기 때문이다. 좌파계열의 경향신문은 김기춘이 대통령 비서실장으로 임명될 때 다음과 같은 기사를 실었다.

"검사출신의 그는 박정희 시대였던 1974년부터 1979년까지 중앙정보부 5국장(대공수사국)으로 많은 공안수사를 주도했다."

"(노태우 정권 시절) 1988년 12월 검찰총장에 발탁된 후에

는 전국민족민주운동연합(민주화운동을 표방하는 운동권의 통합조직으로 산하에 200여 이상의 단체가 있었다)의 고문인 문익환 목사(문익환은 친북 활동가로 북한에서는 기념우표에까지 등장한 인물)의 방북사건 등 많은 공안사건의 수사를 지휘한 인물이다. 그가 취임하자마자 통합진보당 사건(해산결정)이 화제가 된 것은 결코 우연이 아니다."(2013년 8월 30일 경향신문)

경찰은 "(김기춘에게 가한 폭력을 제지 하지 않은 것은) 시위대를 체포하면 오히려 그들을 자극할 우려가 있었기 때문"이라고 설명하였다. 보수언론은 "황당무계한 변명"이라고 비판했다.

한국 경찰이 좌파에게 저자세를 보이는 데에는 이유가 있다. 2015년 11월 박근혜 퇴진을 요구하며 서울에서 열린 좌파단체가 주도한 대규모 집회에서 시위대의 한 농민(백남기)이 경찰이 쏜 물대포를 맞고 쓰러져 서울대학병원으로 옮겨졌으나 10개월 후에 숨졌다.

백남기가 수술을 받았던 서울대병원 담당의사는 '사망원인은 뇌출혈에 의한 병사'라고 진단을 내려 경찰의 물대포와는 관계없다고 했지만 유가족들은 경찰청장 등 관계자 7명을 살인미수 혐의로 형사고발 하였다.

경찰은 시위대가 130여 명의 부상자를 냈고 경찰 차량 등 많은 기물을 파손했다며 유족에게 사과하지 않고, 서울대병원 주치의의 소견대로 "고인은 급성신부전증의 합병증으로 고칼륨혈증을 앓고 있었지만 (그동안) 치료를 받지 않아 왔다. 사인은 뇌출혈에 의한 심장정지"라며 경찰의 과잉 대응이 아니라고 하는 주장을 굽히지 않았다.

대세가 돌아선 것은 문재인이 대통령에 취임한 뒤였다. 문 정권 출범 후인 2017년 6월 서울대병원은 기자회견을 열고 백남기의 사인(死因)을 병 이외의 이유라며 "외인사(外因死)로 수정한다"고 발표하였다. 주치의가 소견을 바꾸지 않았음에도 불구하고 말이다.

백남기 농민 사망 사건 당시 지휘·감독을 소홀히 했다는 혐의로 기소돼 1심에서는 무죄판결을 받았지만 2019년 8월 13일 2심에서 벌금형을 선고받은 구은수 전 서울지방경찰청장은 2심 판결에 불복해 대법원에 상고를 한 상태이다.

김기춘의 가석방 때 아수라장이 된 현장의 영상을 봤다는 대학교수는 "한국경찰은 왜 그렇게도 무기력하냐?"라는 필자의 질문에 이렇게 대답했다.

"경찰은 정권의 비호를 받는 좌파단체를 두려워하고 있다. (부상자가 발생하는 등) 조금만 잘못해도 인생을 망치기 때문이 아니겠는가."

정권비판의 예술가를 블랙리스트로

박근혜 정부의 비서실장 김기춘을 시작으로 고위 공직자 상당수는 정권에 비판적이라고 본 예술가들 명단을 작성해 보조금 대상자에서 배제하는데 활용하였다는 소위 '블랙리스트' 작성에 관여한 혐의로 구속, 기소되었다.

'블랙리스트'의 존재 의혹이 불거진 것은 2015년 9월이다. 국회 국정감사에서 더불어민주당의 계열인 새정치민주연합 국회의원이 "박 정권은 정부에 비판적인 예술 작품을 문예기금의 지원명단에서 제외하려 하고 있다"고 폭로한 것이 시발점이 되었다.

'좌파'라고 일컫는 감독이 제작한 연극 〈모든 군인은 불쌍하다〉가 지원 대상으로 선정되었지만 이 연극을 감독한 감독이 박근혜와 그 아버지인 박정희 대통령을 풍자한 〈개

구리〉라는 작품을 연출한 것이 문제가 되어 지원에서 배제 되었다는 등 구체적인 사례도 들고 나왔다. 리스트의 존재는 약 1년 후인 2016년 10월에 확인되었다.

같은 달 12일자 한국일보는 청와대가 작성한 것으로 알려진 정권에 비판적인 9,473명의 '블랙리스트'를 촬영한 사진을 게재하였다. 박 정권은 대통령 후보였던 문재인 지지를 밝힌 문화인과 예술인들의 리스트를 작성, 문예기금 지원 사업에서 제외하도록 했다는 것이다. 한국 정부(문화체육관광부)가 문화 사업에 지원하는 예산은 매년 약 6조 1천 억 원에 이른다.

한국에서는 인기배우들의 정치적 퍼포먼스도 자주 있고 영향력도 크다.

일본에서도 인기를 끌었던 역사 드라마 〈주몽〉에 주연한 송일국은 2012년 여름 '독도횡단 수영대회'에 참가했다. 드라마 〈아이리스〉로 알려진 여배우 김태희도 '독도사랑 캠페인'에 참가해 '독도는 우리 땅'이라고 홍보하기도 했다.

한편의 영화가 정치를 바꾼 사례도 있다. 문재인은 야당 시절 원전(原電) 사고를 다룬 영화 〈판도라〉에 자극받아 탈원전을 주장하기 시작했다.

2016년 9월에 개봉한 〈판도라〉는 원전사고를 소재로 한 영화다. 대통령선거 유세 중 영화를 감상한 문재인은 "눈물을 많이 흘렸다. 큰 재난이 발생하였는데도 청와대가 전혀

기능을 발휘하지 않고 있다는 영화의 설정은 박 정권에서 자주 볼 수 있는 장면이다"라고 박 정권을 비판하면서 "한국에서 원전 사고가 일어나면 큰 재앙이 일어날 것이다. 원전 추가 건설을 저지할 수밖에 없다, 이제부터는 탈원전 국가가 되지 않으면 안 된다"라고 발언했고 그것은 그대로 대통령 공약이 되었다.

대통령 취임 후 문재인은 건설 중이던 신고리5·6호기 원전 건설 중단을 지시했다. 5·6호기는 박근혜 정권인 2016년 6월에 착공했는데 문 대통령이 취임 후 중단할 때까지 1조 6천억 원의 사업비가 투입된 공사였다.

공사를 중단하면 1조 2천억 원의 보상비가 추가로 발생한다. 뿐만 아니라 이미 해외에 발주한 원전 건설 수주에도 영향을 미쳐 손실이 예상된다. 그럼에도 불구하고 문재인은 중단을 강행하였다. 이 결정에 대해서 문 정권에 우호적인 언론마저 반대의 목소리를 냈다.

한국일보는 "지난 정부에서 적법한 절차를 거쳐 결정한 국책사업을 돌연 중단하는 것은 법적 수속을 무시하는 짓이다. 정권이 바뀔 때마다 정책이 바뀐다면 정부를 신뢰할 수 없지 않은가?"(2017년 6월 28일자) 라고 보도했다.

고육지책으로 정부가 내놓은 정책안은 원전이나 에너지 관련 전문가들을 제외한 일반 시민 참가단으로 구성된 '신고리5·6호기 공론화 위원회'를 발족시켜 원전 중단 여부를 묻는 절차를 밟는 것이었다. 위원회는 출범 3개월 후 2017년 10월에 공사 재개를 권고하는 보고서를 내놓았다.

공사 중단을 통해 국가적 손실액은 대략 1천억 원이 넘는다. 이 결과에 대해 문 대통령은 다음과 같이 발표했다.

"공론화 과정을 통해 우리 국민은 한층 더 성숙된 민주주의의 모범을 보여 주었다."(2017년 10월 22일, 「한겨레신문」)

애초부터 〈판도라〉는 여러명의 전문가들로부터 "과학적 고찰이 충분하지 못하고, 쓸데없이 원자력에 대한 공포를 부추긴 흥미위주의 영화다"라고 지적을 받아왔다.

보수 정치인들은 "국가의 지도자가 영화 한편 본 것만으로 그 내용을 곧이곧대로 받아들이다니…"라고 탄식을 하였다.

한국의 연예인들이 특정 정치인을 지지하는 등 본격적으로 정치에 관여하게 된 것은 2001년부터라고 알려졌다. 그때는 대통령 선거 출마에 나선 노무현이 반보수의 정치인으로 주목받던 시절이었다.

그해 12월 저명한 영화감독, 배우, 코미디언들로 만들어진 110명의 '노문모'(노무현을 지지하는 문화 예술인의 모임)가 결성되었다. 노무현 정권 시절 '노문모'는 지원대상 작품 선정 등 절대적인 권력을 행사한 단체이다.

2006년에 개봉된 영화 〈괴물〉은 주한 미군이 한강에 독극물을 흘려보냄으로서 괴물이 탄생해 시민에게 재앙을 가져다주는 줄거리이다.

또 2005년에 상영된 영화 〈동막골〉은 800만의 관객을 동원한 대 히트작인데 6·25전쟁 때 원수지간이었던 한국군과 북한군, 미군이 강원도 산골 '동막골'이란 외딴 산골마을에서 함께 낙오되어 우정을 나눈다는 이야기이지만, 북한 인민군은 호의적으로 묘사하고 UN군은 악의적으로 그리고 있다는 비판을 받은 작품이다.

블랙리스트 보도 후 '문화개혁시민연대' '한국민족예술인총연합' 등 288곳의 진보·좌파단체는 박근혜 퇴진을 요구하는 '시국 선언'을 발표하고 서울광장에서 퇴진운동을 벌였다.

한 연극관계자는 「주간동아」에 한국 문화예술계의 실정을 이렇게 설명하였다.

"지원금을 둘러싼 문화예술계의 좌파와 보수 간의 전쟁은 정권교체 때마다 되풀이 되어왔다. (중략) 정권이 정책에 반하는 작품에 보조금을 주지 않는 것은 당연하다고 할 수 있다. 리스트는 보조금을 줄이기 위해 만들어진 것이지 처벌이 목적은 아니다."

좌파시민 운동가들이 역사교과서 문제에도 개입

 문재인 정권 출범 이후 정부 각 기관에는 조사위원회나 적폐 청산 태스크포스(TF)로 불리는 작업팀이 '상주(進駐)'했다. 중국의 문화대혁명 시절 정부 각 기관에 '상주'하여 권력을 휘둘렀던 '혁명위원회'와 비슷한 조직이다.
 외통부와 국정원 등 최고 기밀을 다루는 조직에도 시민 운동가들이 줄줄이 들어가 메인 서버를 들여다보며 과거 정권의 '잘못'을 찾아내는 작업을 벌였고 그런 활동은 지금도 계속되고 있다.
 국가 백년대계를 담당하는 교육 분야도 마찬가지이다. 박 정권이 추진했던 '역사교과서 국정화' 문제를 조사하는 위원회를 만들어 교과서 집필을 의뢰받은 학자들까지 조사했다.
 2018년 3월, 이 위원회는 〈역사교과서 국정화 진상조사

교학사 한국사 교과서(2913년)

위원회 보고서〉를 발표하였다.

국정교과서는 박근혜 대통령이 독단으로 기획, 결정하고 지금까지 교과서에 실렸던 사실을 어떻게 수정해야 하는가 내용까지 점검하고 개입한 '국정교과서 농단사건'이라고 단정했다.

그래서 박 정권에서 교육부 장관을 지낸 황우여와 서남수 등 고위 간부급 공무원 25명을 '직권 남용·배임' 혐의로 검찰에 고발하도록 현직 교육부 장관에게 권고하였다.

언론 보도에 의하면 한 공무원은 "정부의 지시대로 당연히 해야 할 일을 했을 뿐인데 뭘 어떻게 해야 한다는 말인가"라고 불만을 토로했다(3월 29일자 「조선일보」).

박 정권이 중학교 역사교과서와 고등학교 한국사 교과서를 '국정교과서'로 하기로 결정한 것은 2015년 10월이다. 당시 야당 대표였던 문재인은 광화문 광장에서 '역사 왜곡 교과서 반대'라고 쓴 플래카드를 손에 들고 '1인 시위'를 벌였다.

문재인은 블로그에서 "국정교과서는 일제 식민지 지배가 우리나라를 근대화시켰다고 하는 친일 교과서다. 유신정권 시절(1972년 이래 박정희 정권) 대통령을 국민이 뽑지 않았음에도 불구하고(1972~1981년까지 간접선거) 그것을 한국식 민주주의라고 찬양한 독재 교과서다"라고 주장하며 교과서의 '내용'을 문제 삼았지만 이상하게도 그 시점에서는 국정교과서의 집필진조차 확정되지 않은 상태였다.

이전까지는 역사 교과서 내용을 통틀어 보수 성향에서는 좌편향이 심하다는 비판이 많았다.

보수진영이 문제를 삼은 것은 주로 북한과 김일성에 대한 기술과 건국 대통령 이승만과 박정희 대통령에 관한 내용들이었다.

좌파성향의 교과서를 분석한 「월간조선」(2015년 11월호)에 의하면 "(이런 교과서들은)이승만과 박정희 정권에 대하여는 '독재' '탄압' '억압' 정권으로 지목하는 반면 김일성 정권에 대해서는 '권력 강화' '권력 독점'이라고 기술했다. (좌파정권 당시) 햇빛정책은 상세히 기술하면서 '(북한의 공격으로 해군

장병 46명이 희생된) 2010년 천안함 폭침 사건'에 대한 기술은 생략하고 있다."

미군은 '점령군', 소련군은 '해방군'으로 묘사하는 교과서도 있고, 6·25전쟁 발발의 원인을 남북 쌍방에 있다는 식으로 대부분 교과서에 기술되어 있었다.

교육부는 6월 8일 교과서 국정화를 둘러싸고 직권남용 등 혐의로 전 정권의 청와대 관계자 5명, 교육부 관련자 8명, 민간인 4명 등에 대한 수사를 검찰에 의뢰했다.

박 정권 시절 국정교과서의 집필의뢰를 받았다가 거절한 서울대 명예교수는 '문 정권 1년 평가'에 대해 묻는 필자의 질문에 이렇게 대답했다.

"문재인이 대통령이 된 것은 단순히 보수정권에서 좌파정권으로 바뀐 것, 즉 '정권교체'가 이뤄졌다고 보는 사람들이 많습니다만 전혀 그렇지 않습니다. 사실은 지금 한국에서 일어나고 있는 것은 '체제전환(體制轉換)'인 것입니다."

제6장 |
문재인의 헛도는 외교
−문재인에게 필요한 것은 '약속'을 소중히 여기는 것이다

문재인의 고립 외교

　일본 정부가 한국에 첨단 소재의 수출에 관해서 그동안의 우대 조치의 재검토를 발표한 다음 날인 2019년 7월 2일, 청와대에서는 문재인 대통령 주재로 국무회의가 열렸다.
　문재인은 다소 들뜬 어조로 말했다. "우리 정치에 부족한 것은 상상력이다. 과거의 정치(문재인은 의미가 명확하지 않은 말을 입에 올리는 경우가 많다)와 정책을 과감하게 뛰어넘는 상상력의 정치를 기대하고 싶다."
　그가 회의에 참석한 국무위원들에게 상상력을 발휘하라고 한 것은 일본의 수출 규제 문제를 어떻게 해결할지에 대해 자유로운 발상을 해보면 어떨까 하는 의미는 아니다.
　이날 문재인은 한일 관계에 대해서는 언급하지 않았다(7월 3일자 중앙일보). 문재인은 현실이 이 지경인데도 오로지 북한에만 관심이 쏠려있었다. 문재인은 이틀 전 트럼프 대통령이 SNS를 이용해 판문점으로 김정은을 불러내 전격적으로 정상회담을 한 것에 감명 받아 그 여운이 아직도 남아 있는 듯 했다.

문재인은 "기존 외교방식으로 생각하면 결코 있을 수 없는 일이다. 상상력이 세계를 놀라게 하고 감동시키며 역사를 전진시킬 수 있는 힘을 만들어냈다. 이처럼 상상력은 문화예술 및 과학기술 분야 뿐만 아니라 정치 외교에도 필요하다"

하노이에서 2차 미북 정상회담이 실패로 끝난 뒤 미북 대화가 단절되는 것이 아닌가 마음을 졸였던 그에게 미북 양자 회담은 큰 의미가 있었다.

문재인은 세 번째 미북회담을 다음과 같이 평가했다. "미북 사이에 문서상의 서명은 아니었지만 사실상의 행동으로 적대관계 종식과 새로운 평화시대의 본격적인 시작을 선언했다고 할 수 있다."(이하 문재인의 말은 모두 직역한다).

그러나 문재인의 이런 감각은 현실과는 동떨어진 것이다. 세 번째 미북회담에서 트럼프와 김정은은 비핵화에 대해서는 한마디도 언급하지 않았고 합의문서가 나온 것도 아니었다.

두 사람은 친구처럼 손을 잡고 군사분계선을 넘나들며

사진을 찍었을 뿐이다. 그러나 문재인은 세 번째 미북회담을 통해 새로운 평화시대가 본격적으로 시작됐다고 의미를 애써 부여하려고 했다.

이런 현실과 동떨어진 거창한 정치쇼로 사실 관계를 보지 않고 듣기 좋은 것만 강조하는 문 대통령의 정치 수법을 '무당(샤머니즘)정치'라고 야유하는 사람도 있다(7월 15일 시사평론 유튜브 「성제준TV」). 점쟁이처럼 국정을 운영하고 있다는 뜻이다.

유튜버 성제준은 "문재인은 중요 사안에 대해서는 현실을 뛰어넘는 상상력이 필요하다고 하지만, 상상이 현실이 된다고 생각하는 데에 문제가 있다. 더우기 문재인은 지나치게 자아에 도취되는 스타일의 대통령이기 때문에 위험하다."

문재인이 일본의 수출 규제 문제에 대해 입을 연 것은 일본 정부의 발표로부터 1주일이 경과한 뒤인 7월 8일, 청와대에서 열린 수석 보좌관 회의 자리에서이다.

문재인은 "상호 호혜적인 민간기업 간 거래를 정치적 목적으로 제한하려는 (일본의) 움직임에 대해서는 한국 뿐만 아니라 전 세계가 우려하고 있다"고 말했다. 일본이 취한 조치는 정치적 목적이 있고, 이 사태에 대해서는 전 세계가 걱정하고 있다고 말했는데 구체적으로 어느 나라가 무엇에 대해 어떤 우려를 표명했느냐는 '사실'에 대해서는 언급하지 않았다.

아마 세계가 우려할 것이라고 상상했을 것이다. 지금까지 우려를 표명한 것은 북한 뿐이다.

북한 관영 언론은 "일본 당국의 수출 규제 조치는 남조선(한국)에 대한 배상 책임을 회피하고 남조선을 손바닥에 두고 군국주의를 실현하려는 간악한 의도를 드러낸 것"이라며 일본을 비난했다(7월 10일 「노동신문」).

7월 13일 「우리 민족끼리」는 기사를 통해 "아베가 남조선에 대한 경제적 압박을 강화하려는 것은 과거의 죄악에 대한 사죄와 배상이라는 법적, 도덕적 책임을 회피하려는 것이다"라고 비판했다.

문재인은 사물의 본질을 이해하지 못하고 있다

문재인의 현실을 벗어난 감각은 그의 말 전체에 공통되는 특징이기도 하다. 7월 15일 그는 청와대 수석보좌관들을 모아 놓고 이렇게 말했다. "일본의 수출 규제 조치는 결국 일본 경제에 더 큰 타격을 줄 것이라고 경고한다." 그리고 계속해서 말한다. "우리나라의 경제가 한 단계 더 높은 성장을 이루려는 시기에 (일본의 조치는) 우리의 성장을 막는 것과 같다."

이 부분에서도 문재인은 유체이탈 화법을 사용했다. 한국 경제는 지금 한 단계 높은 성장을 이루려는 것은 아니다. 상반기 국민총생산은 처음으로 마이너스 성장을 기록했다. 한국 경제를 이끄는 삼성전자의 영업 이익은 6% 가까이 감소했고, 현대자동차 한국 공장은 처음으로 적자로 전환, 청년 실업률도 사상 최악을 기록하고 있다.

이런 현실을 문재인은 파악하지 못하고 있는지, 알면서도 사실을 외면하고 있는지는 분명하지 않다. 분명한 것은 문재인의 말에는 가짜뉴스가 많다는 것이다. 회의에서 문재인은 이렇게도 말했다. "나는 여러 차례 과거사 문제는 지혜를 모아 해결해 나가면서 양국 관계의 미래지향적 발전을 위해 함께 협력해야 한다고 강조해 왔다. 일본이 과거사 문제를 경제 문제와 연관시킨 것은 양국 관계 발전에 역행하는 아주 현명하지 못한 짓이다."

그동안 자신은 미래지향적인 (한일관계의) 발전을 위해 일본에 협력할 의지가 있었으나 일본이 과거사와 경제 문제를 연관시켜 문제를 어렵게 만들고 있는 것처럼 말했지만 이는 사실과 다르다.

한국 대법원은 일제시대 한반도 출신 노동자(징용)의 소송에서 일본 기업에 배상 판결을 내린 뒤에 아베 내각은 여러차례 문 정권에 협의를 제의했지만 무시당했다.

올해만 해도 1월 9일 외교 협상을 요구했지만 거부되었고 5월 20일에는 중재위원회 설치를 제안하고 6월 18일까지 답변을 요구했지만 대답이 없었다.

1965년에 체결된 한일청구권협정에서는 분쟁이 생겼을 경우 먼저 외교 협상으로 해결하고 안 되는 경우는 양국이 지명하는 위원을 중심으로 중재위를 만든다. 그래도 해결이 되지 않으면 제3국에 중재 위원회를 만들도록 명시하고 있다.

일본은 그 절차를 이행하려 했으나 문 정권은 분쟁 해결을 위한 이 조항조차 지키지 않았다. 일본 정부는 분쟁 해결을 위한 최후 수단인 제3국 위원회 설치에 대해 7월 18일까지 답변해 달라고 한국 정부에 요구했지만, 16일 '제안은 수용 불가'라고 거절당했다.

'한일청구권협정' 연구에 있어서는 한국 최고의 전문가로 알려진 국민대학교 이원덕(李元德) 교수에 의하면 "징용배상 문제에 관해서는 노무현 정권인 2005년 '민관공동위원회'를 만들어 최고의 전문가들을 모아 외교 문서를 모두 검토한 결과, 피해자 보상은 1965년 한일청구권협정으로 종결했다고 결론지었다."(7월 15일자 「조선일보」)고 밝혔다.

당시 '민관 공동위원회'의 위원장을 지낸 사람은 현재 여당인 더불어민주당 대표 이해찬이었다. 대통령 비서실 민정수석 비서관이었던 문재인도 이 위원회 위원이었다. 민관공동위원회가 7개월간에 걸쳐 수만 페이지에 이르는 자료들을 면밀히 검토한 뒤 이런 결론을 내렸던 것이다. 그 후 2007년 한국 정부에서는 특별법을 제정하고 2015년까지 '징용노무자들' 7만 2,631명에게 6,184억 원을 지급했다.

그런데 정부를 대표해 공동위원회에 참여했던 문재인이 대통령 취임 후 이 문제를 또다시 꺼내 든 것이다.

'반일'은 한국을 망치는 이념

한국의 경제학자인 공병호 박사의 유튜브 방송 '공병호 TV'에 의하면 "문 대통령의 반일 감정에는 특별한 것이 있다. 문재인은 친일 청산에 대해서는 비상한 신념을 가지고 있다"고 말한다.

정치인으로서 자신이 한 말에 잘 책임지지 않는 문재인이지만 '반일'이라는 점에 대해서는 일관된 입장을 보여왔다. 2016년 12월 15일 대선 출마를 앞두고 열린 외신기자클럽에서 가진 기자간담회에서 문재인은 "수많은 한국 국민은 일본이 군사 대국화의 길을 걷고 있다고 생각한다." "일본은 이웃 나라에 끼친 고통에 대해 좀더 책임을 지고 반성하고 사과하는 자세가 필요하다"고 말했다.

정치인으로서 문재인의 특징은 사실을 말하지 않고 주관적인 생각을 말한 뒤 그것이 마치 국민의 생각이라는 논리를 만들어 대중을 부추기는 것이다.

그 자리에서 그는 2015년 12월 28일 한일 양국 정부 간에 마무리된 '위안부 문제에 관한 한일 합의'에 대해서, "정당성을 인정할 수 없다. 위안부 문제에 대해 일본이 잘못을 인정, 책임을 지고 공식적으로 사과하는 것이다. 돈은 필요 없다"고 말했다.

대통령 선거가 본격적으로 접어들었던 2017년 1월 20일 그는 부산 일본영사관 앞에 세워진 '소녀상(위안부 상)'을 찾아 동상 앞에 무릎을 꿇고 손을 쓰다듬으며 이렇게 말했다.

"외롭게 하지는 않겠습니다."

소녀상과 언제까지나 함께 있어주겠다는 의미였는지, 지켜준다는 의미였는지는 불분명하지만, 정치적 쇼였다는 것은 누가 봐도 금방 알아챌 수 있었다. 문재인은 이때 대통령에 당선되려고 전(前) 정권을 규탄하고 일본을 비판함으로써 대중의 인기를 얻는 데에만 여념이 없었다.

대통령으로 취임한 뒤에도 그의 일본관은 여전하였다. 대통령 취임 후 그가 했던 발언을 모두 거론할 필요는 없다. 하지만 올해 2월 하순, 그는 3·1독립운동 100주년 기념일을 앞두고 자신이 항일 독립운동의 영웅으로 존경하는 김구기념관에서 국무회의를 열었다. 국무회의를 청와대 이외의 장소에서 여는 것은 이례적이다. 일본을 규탄하기 위한 정치쇼였음이 명백했다.

　문재인은 이렇게 운을 뗐다. "친일을 청산하고 독립운동을 예우하는 것이 민족의 정기를 바로 세우고 정의로운 나라로 전진하는 출발이다."

　문재인의 이 발언에 대해 한국 정치 평론가인 고성국 박사는 이렇게 말했다. "지금, 친일을 하는 것은 결코 나쁜 것은 아니다. 지금의 일본은 한국과 같은 민주주의 국가이자 우방국이다."(유튜브 방송『고성국 TV』)

　문재인의 자서전 등 국무회의에서 언급한 친일은 친일세력을 의미한다. 식민지 시절 일본과 돈독한 관계를 맺고 단물을 빨아온 이들의 후예다. 문재인의 인식으로는 친일 후손들이 종전 직후 반공세력(북한의 김일성 정부를 반대하는 세력)으로 탈바꿈하고 급기야 산업세력 즉 한국의 산업으로 경제성장을 일으켜 온 박정희 같은 세력으로 탈바꿈해 그후 기득권자가 되어 온 오늘날의 '한국의 보수 세력'이다. 즉 문재인이 말하는 '친일'은 '보수 세력'을 일컫는 말이 된다. 문제는 한국에서 보수 세력을 청산(淸算, 깨끗하게 없애버리면)하면 한국은 정의로운 나라가 된다는 발상이다.

　한 보수 논객에 의하면 "문재인이 보수 세력을 친일세력으로 규정하는 배경에는 반대세력에 '친일' 딱지를 붙여 억누른 뒤 꼼짝 못하게 하려는 의도가 깔려 있다"고 말한다.

시대착오적인 반일 외교

　문재인의 국정 운영, 외교는 이런 일그러진 신념에 의해 이뤄지고 있다. 일본의 수출 규제에 대해 대응책 하나 내놓지 못한 채, 7월 12일 전남 무안군을 찾아 이런 말을 했다.
　"전남은 이순신 장군의 호국 정신이 녹아있는 곳이다. 전라도 주민은 이순신 장군과 함께 12척의 거북선으로 나라를 지켰다."
　이순신은 1597년, 임진왜란 때 명량해전에서 거북선(배) 12척을 이끌고 일본 수군을 격파한 민족 영웅이다. 이 날 문재인은 몇 번이나 이순신을 언급했다고 한다. 한국 언론은 "그것은 일본의 경제 보복에 대해 민관(民官)이 한마음 한뜻으로 대응해야 한다는 점을 강조하기 위해서였다"고 보도했다(7월 14일자 「중앙일보」 등).
　사실 문 정권은 일본의 수출 규제에 대한 우왕좌왕한 상태에서 할 수 있는 것이라고는 일본과 철저하게 항전(抗戰)하는 자세를 국민에게 보여주는 것 밖에 없는 것 같다. 문재인의 동지이자 최측근인 대통령 민정수석 비서관이던 조국(曹国, 전 법무부 장관)은 얼마전 페이스 북에 '죽창가(竹槍歌)'를 올렸다.

이 노래는 호남지역에서 시작된 농민들의 반란을 소재로 한 1994년 드라마의 주제가이다. 드라마는 반군이 죽창을 들고 압정과 외래세력(농민운동을 진압하기 위해 조선정부는 청나라에 지원병을 요청했고, 이에 맞서 일본이 한국에 군대를 파견했다)에 저항했다는 것이다. 한국 언론은 "문 정부가 일본에 대해 강경한 대응을 하는 이 상황에 이 노래를 페이스 북에 올린 것은 역시 일본을 저격한 것이다"라고 논평했다(7월 14일자 「중앙일보」).

문재인 정권의 대일 강경책에 힘을 실어주려고 여당인 더불어민주당은 '일본 경제보복대책 특별위원회'를 발족했다. 위원장에 내정된 최재성 의원은 한국 언론과의 인터뷰에 이렇게 말했다.

"일본의 보복은 단순한 경제 전쟁이 아니라 사실상의 경제침략이다. 이런 경제침략 상황이라면 의병을 일으켜야 한다."

조선 말기에 무능한 정부에 의지할 수 없음을 깨달은 지방의 유지들이 스스로 의병을 일으켜 일본에 저항하던 시절이 있었는데, 그 사실을 염두에 둔 발언이었다. 그런 강경한 자세를 드러내기 위해 위원회 명칭은 후에 '일본 경제 침략대책 특별위원회'로 바뀌었다.

이런 문재인 정권 핵심과 여당 내부의 발언(言動)에서 알 수 있는 것은 한국은 아직도 일본의 수출 규제 조치가 의미하는 것과 문제의 원인을 정확히 이해하지 못하고 있다는 점이다.

7월 15일 문재인은 국민을 향해 "힘을 모아주세요"라고 호소했지만 이 문제는 힘으로 풀만한 문제도 아니다. 조선일보도 "힘을 모으면 대일 외교가 잘 풀린다는 걸까"(7월 17일) 라며 부정적인 기사를 내보냈다.

미국에 신뢰를 받지 못한 문재인

일본의 수출규제에 대한 마땅한 대응책을 찾지 못한 그는 김현종 국가안보실 제2차장을 미국에 급히 파견하기로 했다. 그래도 의지할 수 있는 곳은 미국밖에 없었기 때문일 것이다. 김현종은 세계무역기구(WTO)에서 법률자문을 지낸 경험이 있고, 노무현 정권 시절에는 외교부 통상교섭본부장, UN주재 한국 대사를 역임한 통상협상 전문가로 알려져 있다.

워싱턴에 가기 전 김현종은 한국 언론에 "편도 항공권만 가지고 배수의 진을 치는 각오로 가겠다"(7월 12일자 「동아일보」)라고 말했다.

워싱턴에서 김현종은 백악관 비서실장 대리, 국가안전보장회의(NSC) 부보좌관, 미국 의회 관계자들과 만나 일본의 수출규제가 미국 경제에 악영향을 미친다는 점을 집중적으로 설득하고 미국이 참여하는 미일 고위급 회담을 막으려 했으나 역부족이었다.

미국은 현재 '중재'에 나설 생각은 없다. 김현종이 미국으로 간 직후인 7월 11일 일본을 방문한 미국의 스틸웰 동아시아 정책 담당 국무부 차관보는 NHK와의 인터뷰에서 "한일 분쟁에 미국이 중재할 계획은 없다"라고 답했다. 한국 주재 미국대사인 해리 해리스도 12일 한국 국회를 방문한 자리에서 국회 외교통일위원장에게 "현재 한일 양국이 이 문제(수출 규제 문제)를 해결할 수 있다고 믿는다"며 중재 의사가 없음을 밝혔다.

김현종이 3일 4박의 방미 일정을 마치고 워싱턴을 떠난 것은 13일(현지 시간)이다. 귀국에 오르기 전 그는 한국 언론에 "우리는 국채보상운동으로 위기를 극복한 우수한 민족성이 있다"고 말했다. 국채보상운동이란 1907년 일본이 한국을 경제적으로 "일본에 예속시키기 위해 제공한 차관"을 민간 모금으로 갚은 운동이다.

미국에 기대해도 소용없다는 것을 깨달았던지 귀국 후 가진 기자회견에서 그는 "목표는 충분히 달성했다고 본다. 개인적으로는 결과에 만족한다"고 말했지만 정작 미국이 중재에 나설 것인지에 대해서는 말끝을 흐렸다.

한국 정부는 일본 방문을 마치고 한국을 방문한 스틸웰에게 희망을 걸었지만 17일 서울을 방문한 스틸웰은 "기본적으로는 한일 간에 해결 방안을 찾기를 희망한다"며 외교적인 수사를 표현할 뿐이었다.

한 언론인은 "그동안 미국을 잔뜩 화나게 하고 배신한 문재인을 미국이 도울 리 없지 않은가. 미국에 중재를 부탁하다니 너무 뻔뻔하다"고 말했다.

미국의 문재인 불신은 일본 이상의 것

　사실상 트럼프 정권의 문재인에 대한 불신은 일본보다 강하다고 한다. 트럼프 대통령과 문 대통령이 처음 정상회담을 연 것은 2017년 11월 7일이다. 그 해 김정은은 17차례 20발 이상의 미사일을 발사했다. 7월에는 ICBM급(장거리) 미사일 '화성14형' 발사 실험에 성공, 미국 전역이 사정권에 들어왔다고 장담하며 수소폭탄 실험까지 했다.
　그러던 상황에서 미 대통령을 만난 문재인은 김정은의 도발에 어떻게 대응할 것이냐 보다는 개성공단 재가동의 필요성을 설명했고 미국이 큰 관심을 기울였던 사드(고고도미사일방어시스템)의 추가 배치에 대해서는 분명한 태도를 보이지 않았다. 월스트리트저널(WSJ)에 의하면 회담 종료 후 트럼프는 "문재인은 신뢰할 수 없는 사람이다" (11월 7일자)라고 보도했다.
　문 정권이 트럼프의 분노를 산 것은 사드 배치 문제였다는 것이 정설(定說)로 알려져 있다. 사드는 박근혜 정부 시절인 2017년 3월에 배치를 시작했지만 문재인 정부 출범으로 배치가 중단되고 공중에 뜬 상태였다. 문은 사드 배치구역에 대한 환경영향평가를 구실로 배치를 지연시켰다. 월스트리트 저널 보도에는 6월에 들어서도 아무런 진전이 없다는 보고를 받은 트럼프는 "불처럼 격노" "사드를 즉각 한국에서 철수하라"고 한 뒤 문재인을 쌍스러운 말로 매도했다. 문재인은 대통령 취임 후 약속한대로 한국에 사드 배치를 서두르자는 미국과 사드 배치 강행에 반대하는 중국 사이에서 애매한 입장을 취했다.

중국 방문을 앞둔 10월 말에 문재인은 외무부장관 강경화를 중국에 보내 "3가지를 하지 않는다(삼불, 三不)"라고 약속했다. 즉 "사드의 추가 배치를 하지 않는다. 한미일 미사일 방어체제에 들어가지 않는다. 한미일 협력관계를 군사동맹으로 삼지 않는다"는 것이었다.

그리고 그 해 12월에 문재인은 중국을 방문했다. WSJ는 "(중국 방문에서) 문재인은 중국의 강압적인 사드 반대 압력에 굴복했다"(22일자 사설) 라고 보도했다. 그후 사드의 추가 배치는 한국 정부의 '환경영향평가'의 지연과 수십 명 규모의 시민단체의 반대로 아직 배치를 마무리하지 못했다. 트럼프 대통령이 "문재인은 신뢰할 수 없는 사람이다" 라고 말한 것은 이 시기와 겹친다.

외교에서 속임수는 통하지 않는다

문재인은 "김정은 위원장은 비핵화에 대한 확고한 의지를 가지고 있다"고 했지만 1차 미북 회담이 개최되기 전부터 트럼프는 문재인을 신뢰하지 않았다는 증언이 있다.

당초 트럼프가 김정은을 만나기로 한 것은 문 대통령이 전하는 말을 믿었기 때문이었다. 문 대통령의 특사로 평양을 방문한 정의용 국가안보실장이 백악관을 방문해 "김정은의 비핵화 의지는 확고하다. 비핵화는 김정은의 선대(先代) 유훈(遺訓)이기도 하다"고 밝혔기 때문이다.

뉴욕 타임스에 의하면 "(그 말을 믿은) 트럼프 행정부는 당초 향후 6개월 이내에 북한이 핵무기의 일부를 (미국에게) 전달하고 핵시설을 폐쇄, 사찰을 수용하겠다는 비핵화 로드맵(일정표) 및 타임 테이블(계획표)에 동의할 것이라고 예상했다."

그러나 그런 낙관론이 트럼프 정권의 고위 당국자에 의해 외부로 언급되자 북한은 그런 말을 한 적이 없다는 취지의 담화를 발표했다. 첫 번째 미북회담을 한 달 정도 앞둔 5월 16일 북한 외무성 제1부상 김계관은 "미국은 우리가 핵을 포기하면 경제적 보상과 대가를 줄 것이라 떠들어 대지만 우리는 한 번도 미국에 기대를 하고 경제 건설을 요구한 적도 없고 앞으로도 그런 거래는 절대로 하지 않을 것"이라고 했다.

이때는 벌써 북한과 미국이 문재인의 특사단이 북한의 뜻을 정확히 전달하지 않고 있음을 눈치챘다. 트럼프 대통령은 문재인에게 전화를 걸어 "(북한의 비핵화에 대해) 어째서 당신이 나에게 한 말과 북한이 한 말이 다른가"라고 물었다 (2018년 5월 20일 「뉴욕타임스」). 이후 미북회담은 하지 않겠다고 밝혔다.

회담 중단 발표에 놀라고 당황한 문재인이 워싱턴에 달려간 것은 5월 26일이었다. 후에 트럼프 대통령의 안보담당보좌관 존 볼턴이 미국 언론에 밝힌 내용에 의하면 그때 "문재인은 판문점회담(2018년 4월 27일)에서 김 위원장이 1년 이내에 핵을 버릴 것이라고 말했다"고 한다.

그런데 하노이의 2번째 정상회담에서 트럼프는 김정은

에게는 그런 의사가 없음을 확인했다. 김정은은 보유하고 있는 핵탄두와 미사일을 어떻게 할지에 대해서는 언급하지 않고 5곳 이상은 있다고 추정되는 핵 시설들 중에서 노후화가 진행된 영변 핵시설을 포기하는 것만으로 제재 해제를 얻어내려 한 것이다.

트럼프 대통령은 "김정은은 핵을 포기할 준비가 되어 있지 않다"며 회담을 중단한 것이다.

이런 일련의 과정을 거치면서 문재인에 대한 불신감을 품은 미국 정부는 하노이회담에 대해 한국 정부에게 일체의 정보를 주지 않았다. 문재인은 회담이 결렬되기 30분 전까지 미국이 북한과 모종의 거래를 할 것으로 확신, 개성공단 재가동, 금강산관광 사업 재개, 기타 대규모 경제 교류를 진행할 작정으로 김현종 통상교섭본부장(장관급)을 급히 청와대 국가안보실 제2차장으로 승진시켰다.

문재인은 '약속'의 의미를 잘 몰라

6월 30일 판문점회담에서 문재인은 현장에 있었음에도 불구하고 트럼프의 의사에 따라 김정은과의 회담에 끼어들지 못했다고 한다. 트럼프의 문재인에 대한 불신은 김정은을 만나기 전 청와대에서 열린 한미 정상회담을 준비하는 단계에서 이미 분명하게 나타났다.

트럼프는 한미일 동맹에서 벗어나려는 문재인을 묶어두려고 한국을 방문하는 조건으로 3가지 의제를 설정, 문재인에게 분명한 태도를 요구한 것으로 알려졌다.

북한의 비핵화 문제에서 미국에 협조할 것인지, 미국이 밀어붙이려는 인도 태평양 전략에 참여할 것인지, 일본과의 관계 개선에 응할 것인지 등 세 가지다.

미국 정부에게 일본의 수출 규제 조치를 철회하는 데 힘을 보태주기를 바라는 한국 정부의 의향은 14일 미국에서

빈손으로 귀국한 김현종의 귀국 담화에 잘 응축되어 있다고 보아도 좋다.

"미국이 만약 한·미·일 간의 공조가 중요하다고 보고, 동맹관계의 중요성을 인식한다면 미국 스스로 해야 할 일을 할 것이다." 라고 말한 것이다. 협박으로도 들릴 수 있는 말이다.

일본 정부가 군사 전용이 가능한 전략 물자의 한국에 수출 규제를 강화한 것은 이런 문재인의 일련의 행동에 의해 불신을 초래한 결과이며, 대화에 응하지 않았기 때문이다.

그런데 이제야 그는 "일본은 외교의 장에 나와라"(15일 담화)고 한다. 문재인의 말이 항상 공허하고 설득력이 떨어지는 것은 '외교의 장'이 어떤 장을 의미하는 것인지에 대한 구체성이 부족한 데다 갑자기 대화할 마음이 생긴 배경이 무엇인가에 대한 설명도 없기 때문이다.

이제 일본은 "과거의 불행한 역사"에 발목이 잡힐 수 없다. 당면한 문제를 적당히 처리하려는 나쁜 전통을 끊어야 한다. 문재인에게 외교의 장이란 국내 정치와 같을지 모른다. 그러나 '외교의 장'은 냉혹하다. 한 번 약속하면 끝이다. 되돌릴 수 없다.

문재인이 진정으로 한일 관계의 문제를 해결할 의지가 있다면, 먼저, 어째서 이런 문제가 발생했는지 그 원인을 곰곰이 생각해볼 필요가 있다.

문재인이 해야 할 일은 매우 간단하다. 약속을 지키는 것이다. 2015년 위안부 합의를 준수하고 한일 기본조약을 지키는 것이다. 한일청구권협정에서 한국은 과거 한국인 징용 배상 문제는 해결됐다고 약속했다.

후기

나는 한국인은 아니지만 한국이 마음에 걸려 늘 고민한다. 아침에 일어나면 우선 한국의 주요 신문의 뉴스를 구석구석까지 꼼꼼히 살펴야 직성이 풀린다.

중국에서 태어났지만 한국이 고향인 부모를 둔 나에게 한국은 나의 조국(부모의 나라)이기도 하기 때문이다.

한국 정부는 매년 8월 14일을 '일본군 위안부 피해자 기림의 날'로 정했다. 한국말로 '기림'은 찬양한다는 뜻으로 선인의 덕이나 위업(偉業)을 기린다고 할 때 쓰는 말이다. 2018년 8월의 기념식에는 문재인 대통령도 참석해 다음과 같이 말했다.

"할머니들(위안부 할머니)이 잃어버린 세월은 우리들은 잊어서는 안 되는 세월이다. 대한민국은 할머니들에게 많은 빚을 지고 있으며 할머니들로부터 많은 것을 배웠다."

문재인은 할머니에게서 어떤 것을 배웠는지 자세히 말하지 않았지만 위안부 문제는 아직 해결되지 않았다는 취지의 이야기를 하고 싶었을 것이다. 문재인은 이런 말도 했다.

"UN의 모든 인권 기구와 세계의 많은 나라에서 매년 위안부 문제 해결을 요구하는 결의를 채택하고 있고 권고가 이루어지고 있다."

이날 한국 각지에서는 위안부 상(소녀상)에 헌화하는 행사가 진행되었고, 일본을 비난하는 성명이 잇따랐다. 2년 7개월간 일본 대사관 앞에 있는 소녀상을 지켜온 '소녀상 지킴이' 시민단체인 젊은 여성들은 위안부 상 앞에 서서 "27년이나 지났는데도 일본 정부는 반성하지 않을 뿐만 아니라 책임을 지려고도 하지 않는다"며 일본을 비난하는 성명서를 낭독했다. 27년 전인 1991년 8월 14일은 김학순 할머니가 스스로 자신은 전쟁 때 일본군 위안부였다고 밝힌 날이다.

중국 흑룡강 성 출신인 나에게 한국은 역시 먼 나라인 것 같다. 그래서인지 한국인의 감정을 이해하지 못하는지도 모르겠지만 이런 뉴스들을 접하게 되면 "한국은 대체 무엇을 원하는 걸까. 일본을 향해 '너희 증조할아버지는 나쁜 짓을 했다. 어떻게 해 줄거냐?'며 무엇인가를 바라고 있다. 무얼 어떻게 하라는지 모르겠다"라고 중얼거리면 역시 한국에 뿌리를 둔 아내는 "왜 한국에 그렇게 신경을 쓰는지 이해가 안 된다."라고 한다.

나는 지금까지 여행이나 연구차 한국을 방문한 적은 있어도 한국에서 생활한 적은 없다. 한국의 여권(국적)을 가져 본 적도 없다. 중국에서 태어나 교육을 받은 나와 같은 한반도 후예들의 국적은 중국이기 때문이다.

나는 그후 일본 국적을 취득했다. 이미 20년이 넘는다. 그런 나에게 "당신은 운동 경기를 관람할 때 어느 나라를 응원하느냐"고 묻는 친구도 있다. 그럴때 나는 "약한 팀을 응원한다"라고 대답하기로 했지만 내 자신의 가슴에 손을 얹고 곰곰히 생각할 때도 있다.

내 마음속에는 언제나 일본과 중국, 한국이 혼재(混在)되어 있기 때문이다. 그렇다면 나라는 인간 속에 일본적인 요소는 몇 퍼센트 정도나 될까. 중국, 한국적인 요소는 몇 퍼센트일까. 이렇게 묻는 이는 없지만 나 자신의 머릿속에는 이런 질문들이 스쳐 지나갈 때가 있다. 강연 등에서 그러한 질문을 받았을 때, "저는 300% 인간입니다. 일본적인 요소도, 중국과 한국적인 요소도 각각 100%씩 있으니까요"라고 대답한다.

현실의 세계에서는 있을 수 없는 일일지는 모르지만 적어도 학문의 세계에서는 그것이 가능하며 또 그렇게 생각하는 것이 중요할지도 모른다. 한국, 일본, 중국(韓日中) 세 나라를 조금 거리를 두고 바라볼 수 있기 때문이다.

이 책의 바탕이 된 「산케이」신문(産經新聞)의 장기 연재

「실록 한국의 가다치(형상)」를 집필하면서 나는 끊임없이 자문하였다. '한국에 대해 나는 공정한가'라고.

사실을 있는 그대로 담담한 마음으로 기록한다고 해도 부정적인 면에만 너무 초점을 맞추지 않았는지 마음이 쓰여 몇 번이나 원고를 다시 수정하는 일을 반복했다.

연재를 읽은 친구들 중에는 "평소 말하는 것과 글로 쓴 것이 다르지 않느냐"고 투덜대는 사람도 있었다. 비판할 바엔 더 확실하고 시원하게 비판해 주길 바란다는 뜻일 수도 있겠지만 읽어보면 한국의 독자들이 받아들이기 거북한 이야기가 많을 수도 있을 것이다.

「실록 한국의 형상」은 기획 단계에서부터 「산케이」신문 오사카 본사 편집장인 나가토 마사코(長戶雅子)의 적극적인 성원이 있었다. 편집장으로 바쁜 업무에도 틈틈이 원고를 읽고 때로는 엄하게, 때로는 칭찬을 해 주면서 연재가 끝날 때까지 이끌어 주었다. 그녀의 국제 보도의 경험에 근거한 정확한 조언이 없었다면 이 연재물은 여기까지 끌고 올 수 없었을지도 모른다. 이 책은 필자와 나가토 씨의 지적 노동의 합작품이라고 해도 좋을 것이다.

마지막으로 필자에게 귀중한 지면을 제공해 준 「산케이」 신문사에도 감사하며, 붓을 내려놓는다.

일본에서 리 소데츠(李相哲)

부록 |
전략물자 무허가 수출 적발 및 조치 현황

- 경제, 외교, 무엇을 해도 안 되는 문재인 정권

전략물자 무허가 수출 적발 및 조치 현황

(2016년부터 2019년 3월말 현재 [한국·산업통산자원부 무역안보과 작성]
처분 종류: 제(制):수출제한 명(命):교육명령 경(警):경고)

번호	처분일	위반업체	수출물자	수입국(지역)=보낸 곳	금액(천$)	처분종류	국제수출관리규약
1	20160127	S사	열화상 카메라	중국	11	제	WA·통상무기
2	20160127	N사	열화상 카메라	사우디아라비아	122	제	WA·통상무기
3	20160204	A사	열화상 카메라	중국, 베트남, 말레이시아	77	제	WA·통상무기
4	20160308	L사	열교환기	중국	5	제	AG·생화학무기
5	20160308	A사	무선LAN 인정설루션	중국, 미국	54	명	WA·통상무기
6	20160317	T사	스크린, 프로텍터 등	중국	153	명	WA·통상무기
7	20160317	M사	열화상 카메라	사우디아라비아	11	명	WA·통상무기
8	20160427	D사	노과장치(모듈)	인도 등 20개국	500	명	AG·생화학무기
9	20160427	A사	벨브	중국	15	제	AG·생화학무기
10	20160704	V사	진공펌프	중국	1.9	경	AG·생화학무기
11	20160704	T사	열교환기	대만	4.7	경	AG·생화학무기
12	20160711	H사	발효조	미국	5.6	명	AG·생화학무기
13	20161025	H사	탄소섬유	대만	13	경	WA·통상무기
14	20161116	S사	문서보안 소프트웨어	중국, 인도	760	제	WA·통상무기
15	20161116	J사	토리에타놀아민	일본	0.009	명	AG·생화학무기
16	20161124	L사	멘블렌	중국	0.9	경	AG·생화학무기
17	20161128	D사	열화상 카메라	미국	5.6	제	WA·통상무기
18	20161128	M사	문서보안 소프트웨어	중국	18	제	WA·통상무기
19	20161128	D사	열교환기	일본, 싱가포르	9	제	AG·생화학무기
20	20161216	L사	토리에타놀아민	베트남	31	제	AG·생화학무기
21	20161219	A사	발효조	파나마	41	제	AG·생화학무기
22	20161220	S사	진공펌프	베트남	195	명	AG·생화학무기
23	20170215	Y사	소프트웨어 보안장치	중국	103	제	WA·통상무기
24	20170215	J사	케이불화 나트리움	중국	15	제	AG·생화학무기
25	20170215	E사	케이불화 나트리움	중국	9	제	AG·생화학무기
26	20170424	B사	열화상 카메라	중국, 미국	6	제	WA·통상무기
27	20170424	D사	열교환기	사우디아라비아	134	제	AG·생화학무기

번호	처분일	위반업체	수출물자	수입국(지역)=보낸 곳	금액(천$)	처분종류	국제수출관리규약
28	20170517	U사	토리메틸아민 등	중국, 미국, 대만	87,476	명	WA·통상무기
29	20170616	I사	네트워크 보안장치	홍콩, 싱가포르	369	제	WA·통상무기
30	20170616	D사	네트워크 보안장치	베트남, 태국	951	제	WA·통상무기
31	20170616	I사	위성안테나	싱가포르, 중국, 홍콩, 인도네시아 등	1,964	제	WA·통상무기
32	20170616	P사	호트마스크	미국, 독일 등	892	제	WA·통상무기
33	20170629	B사	마시닝그센터	베트남	750	제	NSG·핵무기
34	20170629	J사	문서보안 소프트웨어	싱가포르, 중국	84	제	WA·통상무기
35	20170731	M사	네트워크 보안장치	중국	9	제	WA·통상무기
36	20170731	H사	벨브	미국	2.9	제	AG·생화학무기
37	20170801	D사	지이소프로 밀아민	베트남, 스리랑카	0.051	제	AG·생화학무기
38	20170801	K사	조류인플루엔자	미국	0	명	AG·생화학무기
39	20170801	H사	벨브, 펌프	인도네시아	2	제	AG·생화학무기
40	20170927	H사	반응기	브라질	5,500	제	AG·생화학무기
41	20171030	M사	지르코니움	중국	13,462	명	NSG·핵무기
42	20171030	D사	지이소프로밀아민, 포스포라스오키시크로리드	파키스탄, 말레이시아, 중국, 싱가포르	10	명	AG·생화학무기
43	20171030	J사	스텐레스텡크 반응기	일본	51	명	AG·생화학무기
44	20171030	H사	열교환기 부품 튜브	UAE	6	명	AG·생화학무기
45	20171030	S사	지이소플로필아민	UAE	3	명	AG·생화학무기
46	20171030	I사	닛케르파우더	일본	29	경	NSG·핵무기
47	20171030	H사	적외선카메라	UAE	18	경	WA·통상무기
48	20171031	C사	공작기계	중국	740	제	NSG·핵무기
49	20171031	K사	호스홀로치오에이트	대만	0.006	명	CWC·화학무기
50	20171127	I사	광 필터	스웨덴	39	명	WA·통상무기
51	20171127	D사	벨브(화공장비용)	미국	85	명	AG·생화학무기
52	20171127	N사	공작기계	미국, 스위스, 이스라엘	666	명	WA·통상무기

번호	처분일	위반업체	수출물자	수입국(지역)=보낸 곳	금액(천$)	처분종류	국제수출관리규약
53	20171127	D사	의료용 밀링 메신	미국, 중국 등 30개국	17,842	제	WA·통상무기
54	20171201	H사	벨브	쿠웨이트	547	제	AG·생화학무기
55	20171204	S사	불화나트리움 등 5종	이란	1.5	명	AG·생화학무기
56	20171212	L사	열교환기	중국	5.7	경	AG·생화학무기
57	20171212	H사	열화상 카메라	독일	29	경	WA·통상무기
58	20171222	D사	평판열교환기	미국	4.8	제	AG·생화학무기
59	20171222	H사	원심분리기	리토아니아, 스페인	37.6	명	AG·생화학무기
60	20171222	D사	열교환기 부품	노르웨이	0.18	명	AG·생화학무기
61	20171222	S사	토리에타놀아민	일본	0.011	명	AG·생화학무기
62	20171227	A사	보안소프트웨어	중국	85	명	WA·통상무기
63	20171227	N사	시안화나트리움	인도네시아	13	명	AG·생화학무기
64	20171227	G사	불화수소산	베트남	0.4	명	AG·생화학무기
65	20171227	S사	유화나트리움	중국	1.17	명	AG·생화학무기
66	20171227	S사	케이불화나트리움	중국	7.4	명	AG·생화학무기
67	20171227	U사	시안화나트리움	우즈벡스탄	1.6	명	AG·생화학무기
68	20171228	F사	탄소섬유	미국	1.7	제	NSG·핵무기
69	20171229	S사	토리에타놀아민	베트남	2.8	명	AG·생화학무기
70	20171229	G사	인조흑연블럭	인도네시아, 필리핀, 말레이시아, 싱가포르	68	명	MTCR·미사일
71	20180117	S사	마시닝그센터	중국	250	경	NSG·핵무기
72	20180117	B사	전파차단기	태국	382	경	WA·통상무기
73	20180201	D사	평판열교환기	중국	9.5	경	AG·생화학무기
74	20180212	G사	히트파이프 등	태국, 멕시코, 인도	292	명	AG·생화학무기
75	20180212	X사	네트워크보안 솔루션	중국, 싱가포르	39	명	WA·통상무기
76	20180221	J사	마시닝그센터	중국	14	명	WA·통상무기
77	20180221	I사	불화칼리움, 산성불화암모니움	베트남, 말레이시아	23	명	AG·생화학무기
78	20180221	D사	치과용 밀링 메싱	중국	20	명	NSG·핵무기
79	20180222	G사	네트워크보안 장치	사우디아라비아	731	명	WA·통상무기
80	20180222	S사	시안화나트리움	적도기니아	0.01	명	AG·생화학무기

번호	처분일	위반 업체	수출물자	수입국(지역) =보낸 곳	금액 (천$)	처분 종류	국제수출관리 규약
81	20180308	W사	반도체설비장치	중국, 대만	8	경	NSG·핵무기
82	20180308	J사	생물안전케비넷	시리아	13	명	AG·생화학무기
83	20180308	D사	펌프	미국	11	제	AG·생화학무기
84	20180308	N사	벨브	인도네시아	33	명	AG·생화학무기
85	20180321	A사	콜센터 전자교환기	싱가포르	170	명	WA·통상무기
86	20180321	Y사	보안소프트웨어 ERP	중국, 베트남, 말레이시아	714	명	WA·통상무기
87	20180321	S사	보안소프트웨어 ECM, 크라우디움	중국, 인도네시아, 브루나이	356	명	WA·통상무기
88	20180413	D사	치과용 밀링메싱	일본, 중국, 미국	3,691	명	NSG·핵무기
89	20180416	H사	CNC선반	중국	888	명	WA·통상무기
90	20180425	Y사	수직형 메니싱센터	태국	30	경	NSG·핵무기
91	20180510	M사	기업PC관리 소프트웨어	말레이시아	2,175	명	WA·통상무기
92	20180510	F사	기업보고서개발 용 소프트웨어	인도네시아	20	명	WA·통상무기
93	20180529	D사	지르코니움	일본	4	명	NSG·핵무기
94	20180529	S사	지르코니움	일본	0.7	명	NSG·핵무기
95	20180531	H사	원심분리기	미국, 러시아, 인도네시아	469	제	AG·생화학무기
96	20180622	S사	메니싱센터	인도네시아, 베트남	153	명	NSG·핵무기
97	20180622	S사	벨브	미국, 말레이시아	21	경	AG·생화학무기
98	20180628	S사	보안솔루션 소프트웨어	중국, 홍콩, 인도	8	명	WA·통상무기
99	20180628	T사	보안솔루션 소프트웨어	중국, 인도네시아, 베트남, 필리핀	625	명	WA·통상무기
100	20180628	Y사	산화하프니움	미국	0.8	명	NSG·핵무기
101	20180713	M사	CNC메싱	베트남	106	명	NSG·핵무기
102	20180724	E사	펌프	인도	38	명	AG·생화학무기
103	20180724	D사	밀링메싱	미국	78	명	NSG·핵무기
104	20180724	E사	정수압 프레스	일본	252	명	NSG·핵무기
105	20180821	S사	벨브	중국	87	경	AG·생화학무기
106	2018082	S사	압력계	중국	4.3	경	NSG·핵무기

번호	처분일	위반 업체	수출물자	수입국(지역) =보낸 곳	금액 (천$)	처분 종류	국제수출관리 규약
107	20180821	S사	압력계	중국	874	경	NSG·핵무기
108	20180822	S사	벨브	말레이시아	3	경	AG·생화학무기
109	20180823	S사	지에치르아민	인도	8.9	명	AG·생화학무기
110	20180914	M사	밀링메싱	미국, 캐나다	460	명	NSG·핵무기
111	20180914	J사	텡그스텐파우더	일본	131	명	MTCR·미사일
112	20190103	L사	아르미니움 봉	미국, 이스라엘	47	명	NSG·핵무기
113	20190103	H사	벨브	대만, 싱가포르	18	명	AG·생화학무기
114	20190103	S사	불화수소산	UAE	160	명	AG·생화학무기
115	20190103	A사	벨브	중국, UAE, 싱가포르, 미국	18	경	AG·생화학무기
116	20190103	K사	압력변환기, 벨브	대만	8	명	NSG·핵무기
117	20190103	D사	마그네틱 펌프	중국	14	명	AG·생화학무기
118	20190103	N사	벨브	터키	0.6	명	AG·생화학무기
119	20190103	S사	벨브	UAE	4	명	AG·생화학무기
120	20190103	S사	지에치르아민	이란	4.6	명	AG·생화학무기
121	20190103	S사	벨브	이란	1.6	명	AG·생화학무기
122	20190103	Y사	에어벨브	중국	14	명	AG·생화학무기
123	20190103	M사	원심펌프	중국	416	명	AG·생화학무기
124	20190103	N사	벨브	중국	2	명	AG·생화학무기
125	20190103	G사	벨브	UAE	4	명	AG·생화학무기
126	20190103	B사	마그네틱 펌프	중국	28	명	AG·생화학무기
127	20190103	D사	벨브	러시아	1	명	AG·생화학무기
128	20190103	D사	벨브	캐나다, 미국	8.6	명	AG·생화학무기
129	20190109	R사	밀링메싱	미국, 중국, 대만 외	1,375	명	NSG·핵무기
130	20190109	I사	벨브 류	미국	35	명	AG·생화학무기
131	20190109	H사	질량분석기	인도네시아	127	명	NSG·핵무기
132	20190109	T사	밀링메싱	미국, 일본	60	명	NSG·핵무기
133	20190109	H사	열교환기	이탈리아	36	명	AG·생화학무기
134	20190109	U사	비디오회의 솔루션	태국, 인도네시아	264	명	WA·통상무기
135	20190212	V사	IC칩	홍콩	1,449	제	WA·통상무기
136	20190212	D사	IC칩	홍콩	2,040	제	WA·통상무기
137	20190212	B사	IC칩	싱가포르	207	명	WA·통상무기
138	20190212	B사	IC칩	UAE	713	명	WA·통상무기
139	20190212	I사	IC칩	홍콩	243	명	WA·통상무기
140	20190305	T사	데이타처리S/W	중국	738	명	WA·통상무기
141	20190305	K사	APC벨브	중국	70	명	AG·생화학무기
142	20190305	J사	메니싱센터	베트남	996	명	NSG·핵무기

한국정부, 전략물자 관리 무엇이 문제인가

2019년 7월 1일 일본정부가 발표한 대한 수출 운영관리 재검토를 계기로 문재인 정권은 더욱 벼랑 끝에 내몰리고 있다.

사태를 타개하기 위한 실마리를 찾기는커녕 일본에 대한 책임전가로 넘길 수 밖에 없는 한국의 형태는 붕괴 직전의 양상을 보이고 있다.

아베수상이 말하는 '믿을 수 없는 한국'이란 현재 문재인 정권을 말하는 것으로 한국 국민을 말하는 것이 아니다. 일국의 총리가 외국의 정부를 믿을 수 없다고 말하는 이상 나름대로 이유와 증거가 있다.

문재인 정권에 의한 전략물자 관리에 문제가 있다는 것이다. 핵무기, 미사일, 생물화학무기, 통상무기에 사용될 위험이 있는 물자를 엄격히 관리하는 것은 국제적인 약속이다. 지금 한국정부는 그 약속을 지키고 있지 않을 위험이 있다고 아베정권이 판단한 것이다. 그것을 나타내고 있는 한국정부 작성 '전략물자무허가수출적발 및 조치현황(이하,'전략물자부정수출 리스트'로 한다)'도 내가 가지고 있다. 참고로 일본정부가 지적하고 있는 '부적절한 사안'은 이 리스트에는 포함되어 있지 않다.

문 정권에서 전략문자 부정수출은 급증

　다음으로 한국을 믿을 수 없는 두 번째 증거인 한국정부가 작성한 '전략물자 부정 수출 리스트'에 대해서 이미 산케이 신문과 후지TV가 이 리스트 내용을 특종으로 전하고 있었다. 그러나 리스트 전체를 보도하지 않았다. 그래서 2016년부터 2019년 3월까지의 한국 전략물자 부정수출 142건 리스트를 실었다.

　단, 후지TV는 7월 10일 '(리스트에)2015년부터 2019년까지 한국에서 전략물자가 무허가로 유출된 부정수출 안건은 무려 156건이나 있었다고 기록되어 있다'고 최초로 보도했지만, 화면으로 확인할 수 있었던 리스트는 내가 여기서 번역한 2016년부터 2019년 3월까지 142건의 리스트였다. 2015년 적발 건수는 한국의 연합뉴스가 2018년 10월 10일에 '더불어민주당' 의원이 정부에서 받은 자료를 기초로 2015년에 부정 수출이 14건, 541만 달러 있었다고 발표했기 때문에, 2015년부터 2019년 3월까지 156건인 것은 정확하다.

　우선 지적해야 될 것이 적발 건수와 금액의 급증이다. 문제의 핵심은 문 정권 들어서 부정 수출 적발이 급증하고 있다는 것과 그 기간 동안 문재인 정권이 수출 포괄 신청의 조건인 전략물자 무역관리에 관한 한일협의에 응하지 않았다는 것이다.

박근혜 정권인 2015년에는 14건, 541만 달러였다. 2016년에는 22건, 203만4천 달러로 증가했다. 5월에 문재인 정권이 출범한 해인 2017년은 48건, 1억3천202만5천 달러가 되어, 2015년과 비교하면 건수로 3.4배, 금액으로는 24배가 되었다. 2018년은 41건, 1천3백19만3천210달러, 2019년 3월말까지 무려 31건, 9천102만4천 달러에 달하고 있다. 즉, 문재인 정권 들어서 적발건수도 금액도 급증하고 있는 것이다.
　　또한, 2017년 10월 30일에는 원자로의 노심에 사용되는 질코니움이 중국으로(번호41), 동 일본에 신경작용제 'VX' 원료가 될 '지이소프로필아민'이 말레이시아 등으로(번호42) 부정 수출되었다.
　　문재인 정권 집권 이후, 이처럼 전략물자 부정 수출 적발이 급증되었다는 것이 일본이 한국의 무역관리를 믿을 수 없게 되어, 우대조치에서 제외하게 된 이유인 것이다.
　　참고로 한국정부는 일본에서 이 리스트가 보도된 후, 매년 공표되고 있는 리스트라고 변명했지만, 공표된 것은 적발건수 뿐이고, 리스트에 명기된 어떤 전략물자가 언제 어디에 수출 되었는가 등 구체적인 사항은 그동안 전혀 공표되지 않았다.

번역자의 변 1

글마당출판사의 청탁을 받고 번역을 시작했다. 그런데 번역을 해 가면서 점점 내 마음은 슬퍼지고 자존심도 상하고 심한 고민에 빠져 버렸다.

이 연재물들이 우리 국내사정에 너무도 자세하고 구체적이고 팩트에 의한 사실이라서 일본인들은 매일같이 우리나라 사정을 빤히 다 들여다 보고 있다는 말이 아닌가 하는 생각에서이다.

다른 사람이 우리 속사정을 다 들여다 보는 것은 유쾌한 일은 아니다. 더욱이 별로 자랑스럽지 못한 일일 때에는 수치스럽기도 하다.

그런데 왜 우리 사정에 대해서 이렇게 알고 싶어 큰 관심을 가졌을까 하는 생각이 들었다.

마치 내 비밀을 들킨 것처럼 부끄럽고 창피하다는 생각

도 들고 기분 나쁘다는 생각도 들어 머리가 복잡해졌다.
 더운 날씨에 며칠 동안 번역 해 가는 도중에 내 마음은 조금은 묘한 생각에 안정을 얻었다.
 "아~ 우리나라가 국제적 관심의 대상이 되었구나 하는 생각이다."

 우리나라가 일본국에 식민지가 된 것은 약 100여 년 전의 일이다. 그때는 국제적으로 강대국들이 이웃의 약소국들을 침략하고 식민지화하는 경쟁이 붙은 시절이었다. 일본의 식민지 통치를 받은 우리가 많은 시련과 전쟁과 고통을 겪은 후에 독립한지 불과 70여년 만에 국제사회에서 강대국들과 어깨를 나란히 할 만큼 자라났다. 당연히 관심의 대상국이 될 만하다.

 우리국토는 반도(半島)이다. 그런데 그 반도에서 또 남쪽만의 반쪽짜리 작은 나라 대한민국이 독립은 했지만 전쟁으로 잿더미가 된 폐허에서 불과 70여 년 만에 세계 G20에 어깨를 나란히 할 수 있게 되었으니 국제적 관심거리가 될 수밖에 없지 않은가 하는 생각에서 조금은 마음이 안정되어 번역을 마쳤다.
 이웃 나라면 당연히 관심을 가질 수밖에 없다는 생각이 들었고 일본 저희들은 명치유신 이래 300여 년이나 걸려서 지금에 왔는데 앞으로 우리는 또 다시 70여년 후이면 당연히 일본을 제치고 G2에 오를 수도 있을 것이라고 확신한다. 나는 우리나라가 극동의 이스라엘이라고 믿는다.

대국이라고 뽐내는 중국이 우리를 반도의 반토막 소국이라고 멸시하면서도 불편한 심사로 관심 가지고 있고 초강대국 미국도 우리에게 관심 가지는 것은 당연지사라고 생각된다.

지금의 국제사회는 옛날 구시대와는 달라서 두 진영 즉 대륙 세력과 대양 세력으로 확실히 나누어져 있다.

오늘의 우리나라가 이 책에서처럼 진통을 겪고 있는 것은 이 두 진영 중에 어디에 붙는 것이 유익한가로 국론이 나뉘어진 것 같고 어떤 분들은 중립지대를 꿈꾸는 이들도 있는 것 같다.

그러나 이 모든 현실을 우리민족은 지혜롭게 잘 극복하여 자유민주주의로 하나가 될 것이고 잠시 후의 우리나라는 비상할 일만 남았다고 스스로를 위로하면서 번역자의 변을 마친다.

옮긴이 김응수

번역자의 변 2

"혹시 뭐 하나 여쭤봐도 괜찮을까요?"

2019년 6월, 오사카에서 1년간 하는 일을 그만두고 귀국 준비를 하던 도중, 일본인 직원 한 명이 제 눈치를 보며 말했습니다.

"한국 사람들은 한국 대통령에 대해 어떻게 생각하나요? 일본인들이 보기에 한국 대통령은 한국을 전혀 생각하는 것 같지 않아서요."

그 질문에 저는 웃으며 대답했지만, 그 날카로움에 참 충격을 받았었습니다. 역시 다른 사람들이 보기에 그렇게 보이는구나, 싶었기 때문입니다.

20, 30대의 제또래 사람들은 저에게 묻습니다. "왜 문재인 대통령을 그토록 싫어하냐?"라고. 저는 그럴 때마다 대답했습니다. 참 재밌게도, 문재인 정부에 대해 알면 알수록

그 정권을 옹호하는 사람들의 수는 적어졌습니다.

지금 대한민국의 가장 큰 문제점은 '무지(無知)'라고 생각합니다. 내 백성이 지식이 없으므로 망하는도다.(호 4:6) 지금 대한민국의 대통령이 어떤 성향의 사람이고, 어떤 일을 하고 있는지, 사람들은 바로 알아야 합니다. 물론, 바로 알아도 잘못된 판단을 내리는 사람들은 있습니다. 그렇지만 바로 알게 되면 적어도 무지에서 비롯된 큰 소리는 낼 수 없게 됩니다. 적어도 제대로 된 사람들이라면.

덧붙여, 일본은 북한을 '북한(North Korea)'이라 부르지 않습니다. 대한민국 또한 '남한(South Korea)'이라 부르지 않습니다. '북조선' 그리고 '한국' 이것이 일본이 한반도를 부르는 명칭입니다. 그리고 저는 그 구분이 너무 감사했습니다.

우리나라 사람들은 이 책을 쓴 일본인 보다 이 나라, 이 정권에 대해 잘 알지 못한다고 생각합니다. 그것이 안타까웠습니다.

아직 늦지 않았다고 생각합니다. 이렇게 바르게 알려주는 책이 나왔으니, 이제라도 사람들이 바로 알고 바른 판단을 하였으면 좋겠습니다.

옮긴이 전혜리

참고문헌(主な出典・参考文献)

　本書執筆過程に資料を提供し、取材に応じてくれた学者、ジャーナリスト、評論家については、本人から要望があった場合は実名を使用せず匿名とした。　主な出典・参考文献については、章ごとに記した。各章に重複して用いた文献については初出の章で記した。

【はじめに】
- 2018年1月1日付労働新聞「新年の辞」
- 2018年4月27日、文在寅と金正恩の板門店での共同記者会見
- 2018年6月12日付日本経済新聞「米朝首脳会談、共同声明の全文」
- 2018年7月20日付労働新聞「身の程知らずの虚欲と偏見に囚われると物事を駄目にすることに決まっている」
- 2018年8月22日、安倍晋三の公邸前での記者会見
- 2018年4月20日付、保守系ネットメディア『ペン＆マイク』「文在寅政権による国家の破壊」

【序　章】
- 韓国メディアの特徴についての記述は、李相哲『朝鮮における日本人　経営新聞の歴史（一八八一―一九四五）』（角川文芸出版、2009年2月）を参照されたい
- オ・ジョンファンが韓国文化放送（ＭＢＣ）社内掲示板に書き込んだ「私の祖父は『反動分子』」は、ネットテレビ「ウ・ジョンチャンの嘘と真実」より再引用
- 2017年11月13日付ハンギョレ新聞「キム・ジャンギョム栄欲の7年」
- ソン・チャンギョン『ミチン（狂った）言論』（ナヌム社、2018年4月）
- 姜ヒョンギュはＫＢＳ理事を辞任後『、ペン＆マイク』にコラムを連載、当時のことを告白した。2018年3月13日付コラム「ＫＢＳ言論労組　はもう静かに歴史の裏道から消えてほしい」、6月5日付「言論労組　の蛮行は無期懲役に相当」などを参照
- 文昌克の話の趣旨、詳しい内容については、2011年にオンヌリ教会で行われた「文昌克講演」のフルバージョン映像を参照
- 「朴槿恵ゲート」報道についてはイ・ジンドン『こうして始まった　朴槿恵―崔順実、スキャンダルからゲートまで』（ゲマ高原、2018年 2月）、キム・ヨンチュルほか『秘線権力　朴槿恵と崔太敏の出会い　から崔順実の国政壟断事態まで』（ハンウル、2017年5月）、趙甲済『言論の乱　魔女狩り、人民裁判、蝋燭偶像化、拙速弾劾、誤報と歪曲　韓国言論は今何をやっているか？』（趙甲済ドットコム、2016年12月）に詳しい
- 朴槿恵退陣運動、ロウソクデモについては、月明『国民が問う　国家とは何か　失った大韓民国のゴールデンタイム、広場で花咲いた市　民権力』（図書出版希望花、2017年4月）、金平祐『韓国の法治主義　は死んだ』（趙甲済ドットコム、2017年3月）、ファン・グァンウ『蝋燭哲学　文在寅政府におくるある哲学徒の質問』（ブルビッツ、2017年6月）、市民（自称）ジョン・サンフン『蝋燭市民革命勝利の記録』（深い泉メディア、2017年6月）に詳しい
- セウォル号事故当日、朴槿恵が某男性と密会したのではないかというチラシが出回っていると、疑惑を最初に報じたのは2014年7月18日付朝鮮日報、チェ・ボシクのコラム「大統領をめぐる風聞」
- マリー・アントワネットに関する記述は、遠藤周作『王妃マリー・アントワネット』上・下（新潮文庫、1985年3月）を参照

【第1章】
- 申栄福の思想的な傾向については、本人が著した『監獄からの思索　申榮福獄中書簡』（2018年1月、1998年8月初版）、『月刊ギル（道）』（1993年5月号）、『月

- 刊マル（言葉）』」（1998年8月号）、その他に雑誌『黄海文化』（2003年秋号）とのインタビュー記事を参照した
- 統一革命党事件および申栄福については、2018年9月号『月刊朝鮮』に詳しい。裁判所は、27年ぶりに統一革命党事件に関する判決文（A4判用紙で1000ページに及ぶ）を公開している
- 2018年4月21日付労働新聞6面掲載の「朝鮮画」で描かれた切手の写真
- 2010年2月3日付『ハンギョレ21』「金九・金奎植の南北協議が成功したならば」
- 当時のソ連の対朝鮮半島政策、思惑については、朱栄福『朝鮮人民軍の南侵と敗退　元人民軍工兵将校の手記』（コリア評論社、1979年6月）、下斗米伸夫『モスクワと金日成　冷戦の中の北朝鮮1945－1961年』（岩波書店、2006年7月）、A・V・トルクノフ著、下斗米伸夫・金成浩訳『朝鮮戦争の謎と真実　金日成、スターリン、毛沢東の機密電報による』（草思社、2001年11月）に詳しい
- 1945年8月以降の状況については、ソ・ジュンソク『大韓民国選挙物語　1948年制憲選挙から2007年大統領選挙まで』（歴史批評社、2016年3月）、ソ・ジュンソク『写真と絵で見る韓国現代史1945～』（ウンジン知識ハウス、2013年3月）、キム・ドンチュン『大韓民国はなぜ？　1945～2015』（サゲジョル（四季節）、2015年10月）、その他、李承晩、金九に関する評伝を参照
- 2017年8月15日、文在寅「72周年光復節祝辞」
- ヤン・ドンアン『大韓民国建国史』（ヒョンウム社、2001年12月）の他に、エッセイ「光復70周年？　遅いが今であっても正そう」（2015年8月7日付『言論ドットコム』）など
- 2000年6月の南北首脳会談については、『金大中自叙伝』1、2（サムイン、2011年7月）に詳しい　前で盧武鉉はこう話した』（趙甲済ドットコム、2012年11月）に会談記録全文が収録されている
- 2013年6月25日付『朝鮮ドットコム』掲載「2007年南・北首脳会談会議録全文」
- 2017年4月13日、韓国記者協会・SBS（ソウル放送）主催の第19代韓国大統領選挙テレビ討論会、4月19日、韓国放送公社（KBS）主催の第2回テレビ討論会映像
- 2018年5月28日、青瓦台（韓国大統領府）における文在寅の記者会見
- 2018年7月26日、ソウル中央地方裁判所で行われた韓国放送文化振興会理事長、高永宙に対する結審公判での被告人論告文

【第2章】
- 金日成教示集『在西独僑胞尹伊桑と行った談話』、『在西独僑胞尹伊桑一行と行った談話』（いずれも平壌・朝鮮労働党出版社、2000年1月）による
- 2013年1月4日、ソウルプレスセンターでの講演映像テープ
- 文在寅が、大統領に当選したら「躊躇せず北韓（北朝鮮）に先に行く」と発言したのは『月刊中央』2016年12月号 "2017年大選走者リレーインタビュー"ドオルが問い、文在寅が答える」による
- 文在寅のベトナム戦争に関する発言、家族史については、文在寅『運命』（BOOKPAL、2017年5月）を参照
- 憲法に関する議論などは、キムし・ウク『改憲戦争　民主主義が憲法に問う』（ゲマ高原、2017年1月）、ミン・ジュンギほか『韓国の政治　制度・過程・発展』（ナナム、2008年4月）などを参照
- 「われわれは北の崩壊は望まない」と文在寅が語ったのは『ベルリン宣言』（2017年7月6日、ベルリンのクェベル財団での招請講演）
- 盧武鉉政権の北朝鮮人権問題に対する対応については、宋旻淳『氷河は動く　非核化と統一外交の現場』（チャンピ、2016年10月）
- 朱星河「ソウルで書く平壌のはなし」など

【第3章】
- 保守の系譜については、南時旭『韓国保守勢力研究（増補版）』青メディア、2011年3月）、チェ・チャンジブ著、パク・サンフン改訂『民主化以後の民主主義　韓国民主主義の保守的起源と危機』（フマニタス、2002年12月初版、2014年2月改訂版）
- 1997年亡命直後、韓国情報当局に「南朝（韓国）には固定間諜（工作員）5万人が暗躍しており、権力核心部にも浸透している。偶然、金正日執務室のテーブルの上に置かれた書類を見たことがあるが、そこにはその日の朝、与圏核心機関の会議内容と発言内容が詳細に記録されていた」と証言した
- 2014年4月1日付労働新聞
- 2014年3月、欧州歴訪中にドイツ・ドレスデン工科大学で行った演説、「韓半島平和統一のための構想」をドレスデン宣言という。宣言で朴槿恵は「南北間の軍事的対決、不信、社会・文化の障壁、国際社会と北朝鮮の断絶と孤立の障壁」という4つの障壁を取り崩すべきと話した
- 朴槿恵弾劾に至るまでのJTBCの報道については、ガン・ジュンマン『孫石熙現象　信頼される言論人とはなにか？』（人物と思想、2017年2月）など
- 朴槿恵の生い立ちについては、自叙伝『絶望は私を鍛え、希望は私を動かす』（ウィズダムハウス、2007年7月）、李相哲『朴槿恵の挑戦　ムクゲの花が咲くとき』（中央公論新社、2012年10月）を参照されたい
- セウォル号沈没事故の原因、事後処理の全過程については、キム・ドンウク『連続交針逆につづるセウォル号転覆・沈没・救助報告書』（趙甲済ドットコム、2015年5月）に詳しい
- 韓国社会の不平等など社会矛盾については、ガン・ジュンマン『甲と乙の国　甲乙関係は大韓民国をどのように支配してきたか』（人物と思想、2013年5月）を参照

【第4章】
- 韓国左派の系譜については、南時旭『韓国進歩勢力研究』（青メディア、2009年6月）、オ・ピョンホン『韓国の左派』（ギパラン、2011年5月）、韓国経済新聞編集局『文在寅の人々　政府閣僚、青瓦台参謀、諮問教授　文在寅時代を導く222人探求』（韓国経済新聞、2017年5月）に詳しい
- 2017年12月11日発売の『週刊朝鮮』（2486号）「金キム銀ウン星ソン次長との単独インタビュー"DJ（金大中）青瓦台指示受け、6の銀行を動員して3000億円調達"」
- 金大中の知られざるエピソードは、孫忠武『金大中Xファイル』（新世相出版社、1997年）、同『金大中・金正日最後の陰謀　テロ戦争の最終ターゲットは北朝鮮　国際ジャーナリスト、ワシントンから衝撃のレポート』（日新報道、2002年）、同『金日成の夢は金大中を南朝鮮（韓国）大統領にすることだった』（イポ、2010年）に詳しい。本書ではその一部を新聞報道と突き合わせながら参照した
- 「5・18光州事件」については、『全斗煥回顧録（1）混沌の時代　1979－1980』『（2）青瓦台時代　1980－1988』『（3）荒野に立つ　1988－現在』（チャザクナムスップ、2017年3月）、シム・ヨンファン『歴史戦争　権力はなぜ歴史を掌握しようとするのか？』（センガク庭園、2015年12月）などを参照
- の資金を送金した疑惑は、2003年、国会で可決した「南北首脳会談関連対北（北朝鮮）秘密送金疑惑事件などの真相糾明に関する法律」に基づき、韓国特別検察が実施した事件捜査で事実として判明した
- 盧武鉉が大統領に当選した背景、その過程については、元大手テレビ局記者、オム・グァンソクが著した『2002大選陰謀』（チョンオ、2003年12月）に詳しい
- 盧武鉉の思想的な傾向などについては、盧武鉉自らが書いた市民のための大衆教養書『進歩の未来』（ドンニョク、2009年11月）、『成功と挫折　盧武鉉大統領、未完成回顧録』（ハッコジェ、2009年9月）、盧武鉉財団著、ユ・シミン整理『運命だ　盧武鉉がいる』（ブキ、2012年1月）などに詳しい
- 左派政権時代の対北朝鮮政策、ジョージ・W・ブッシュ政権との関係、および裏話については、金大中政権で大統領秘書室外交安保首席秘書官、統一部長官を歴任した林イムドンウォン東源の『ピースメーカー』（チャンビ、2015年6月）、盧武鉉政権で国家安全保障会議の事務次長、統一部長官を務めた李鍾奭の『刃の上の平和』（ゲマ高

原、2014年5月）に詳しい

【第5章】
- 左派政権の狙い、ビジョンなどについては、文在寅が語り、ムン・ヒョンヨルが書いた『大韓民国が問う　完全に新しい国、文在寅が答える』（21世紀ブックス、2017年1月）、文在寅『1219　終わりが始まりだ』（海バダ出版社、2013年12月）、毎日経済経済部『文在寅ノミクス　国らしい国のための文在寅政府5年の約束』（毎日経済新聞社、2017年5月）を参照
- 2017年3月に作成したとされる「軍事Ⅱ級秘密」『対備計画細部資料』（67頁全文）
- 脱北女性（中国の北朝鮮レストランから集団で韓国に亡命した女性ら）たちの、北朝鮮への送還をめぐる資料としては、民主社会のための弁護士会（民弁）所属弁護士らが国家情報院改革発展委員会宛に提出した「調査要請事項書」など
- ソウル放送（SBS）が単独入手し公開した「朴槿恵政府の文化芸術系ブラックリスト」には、教授、詩人、演出家など芸術界人事48名、映画社、劇団など43団体を含む9473名の人名が含まれていた

　　　＊主な出典・参考文献は237頁よりご覧ください

【第6章】
- 正論 2019年 9月号

【付録】
- 正論 2019年 10月号†